전근대 서울의 주택

서울문화마당 10

전근대 서울의 주택

서울역사편찬원

발간사

우리 선조들은 인간 생존에 필수적인 물질적 요소를 '의식주' 세 가지 범주로 표현했습니다. 그 중에서도 '주'는 인간의 안전과 생존을 보장하는 중요한 요소입니다. 선사시대부터 일제강점기에 이르기까지 움집, 전통 한옥, 도시형 한옥, 고급 근대 한옥 등의 근대 이전 서울 주택의 변화과정을 살펴보면 매우 다채롭고 흥미롭습니다. 저희는 이를 서울문화마당 제10권 《전근대 서울의 주택》에 담아 시민 여러분께 선보입니다.

서울 구석구석에 아주 오래전 우리 조상들의 주거 흔적이 남아 있으며, 이 책에 그 자취를 오롯이 담았습니다. 강동구 암사동 유적지에서는 선사시대의 움집을 볼 수 있으며, 천호동의 풍납토성과 송파구 방이동 몽촌토성에서는 한성 백제시기의 주거지를 확인할 수 있습니다. 또한 광진구와 경기도 구리시에 걸쳐있는 아차산에서는 고구려와 신라 통일기의 주거 유적을 살펴볼 수 있습니다.

조선시대에 들어오면 서울 한옥의 특성이 본격적으로 드러나게 됩니다. 조선시대 수도인 서울은 도시가 발달하고 인구가 밀집하여 토지가 부족하였기 때문에 대지를 보다 효율적으로 이용하기 위해서 꺾음집 등이 많이 발달하였습니다. 발굴 조사와 각종 문헌 등을 통하여 조선시대 밀집한 도시 환경에 적합한 특징적 도시 한옥이 발달한 모습을 찾아 볼 수 있습니다.

근대 이후 서울의 한옥은 변화를 겪게 됩니다. 1876년 개항 이후 외국인들이 조선에 오게 됨에 따라 양옥과 관사 등 외래 주택형식이 들어오고 1920년대 한국인 사회 내부에서 유학을 하고 온 지식인들이 중심이 되어 일어난 생활개선운동에 따라 주택 개량론이 제기되었으며 이에 따라 방갈로, 집중형 · 중정형 평면등 주택의 평면계획이 생겨났고, 온돌개량 · 부엌개량 · 변소개량 등 주택 설비에 대한 논의도 전개되었습니다. 이어서 1920년대 이후 일제강점기에 지어진 근대식 양옥인 문화주택을 기점으로 도시형 한옥, 고급 근대 한옥 등 새로운 유형의 한옥들이 등장하게 되었습니다.

또 이 책은 우리나라 전통 한옥의 구조를 알기 쉽게 설명하고 있습니다. 시민 여러분께서는 한국 주택의 가장 특징적 공간 형식인 온돌과 마루의 성격과 기원, 안채 · 사랑채 · 행랑채 등 주자가례에 따른 조선시대 주택의 특징, 한옥의 유래와 전통 한옥의 공간 구성 등에 대한 설명을 각종 사진과 그림, 도면을 통해 쉽게 이해하실 수 있을 것입니다. 뿐만 아니라 일제강점기 이전에 지어져 현재까지 서울에 남아있는 주택의 목록과 구체적 설명들을 접하실 수 있습니다. 생생한 현장사진들과 설명을 본 후에 현장에 직접 찾아가 보는 것도 이 책을 즐기는 또 하나의 방법이라고 할 수 있겠습니다.

끝으로 이 책이 나오기까지 수고를 아끼지 않으신 집필자 · 감수자 선생님, 서울역사편찬원 연구원들, 그리고 관계자 여러분들의 노고에 깊이 감사드립니다.

2017. 9.

서울역사편찬원장

차 례

여는 글

전근대 서울의 주택

서울은 한반도의 중앙에 위치하며 한강이라고 하는 큰 강의 하류에 위치하였다는 지리적인 이유 때문에 일찍부터 정치적·경제적 중심지가 되었다. 암사동 선사 유적지는 신석기 시대 이후로 계속해서 사람들이 거주하였던 흔적을 발견할 수 있으며, 고급의 건축기술을 사용하기 시작하는 고대 국가의 시기에는 백제가 지금의 송파구 일대에 첫 도읍을 정하였다. 특히 고구려, 백제, 신라가 서로 영토를 확장하려고 다투는 삼국시대 후기에는 한강을 가운데 두고 그 위의 아차산 일대에선 고구려의 보루 유적이, 그리고 그 아래 광주 일대에선 신라의 산성 유적이 발견된다. 이는 한강하류 지역이 갖는 군사지리적 중요성을 잘 보여주는 증거이다.

고려시대에는 도읍을 한강의 지류인 예성강가에 위치한 개성으로 정하였지만, 그렇다고 서울의 중요성을 무시한 것은 아니다. 고려 전기에는 평양과 경주를 각각 서경과 동경으로 정하여 개성 다음가는 중요 도시로 삼았지만, 11세기에는 서울에 남경을 설치하여 동경의 역할을 대신하도록 하였다. 특히 12세기 묘청의 서경천도 시도가 실패로 끝나고 난 다음부터는, 지방 도시 가운데서는 서울의 남경이 독보적인 위치를 점하게 되었다.

그러므로 조선이 개국하고 새로운 수도로 서울을 정한 것은 우연한 결정이 아니다. 이미 고려시대 중기 이래 서울지역의 중요성을 잘 알고 있었고, 그에 따른 도시적 발전이 있었기 때문에 2년이라는 짧은 준비 기간 만에 서울로 천도할 수 있었던 것이다. 이후 서울은 현재에 이르기까지 우리나라의 수도로서 지위를 계속해서 유지하고 있다. 조선이 처음 서울로 수도를 옮긴 1394년부터 보아도 600년 이상이 되었고, 이전의 백제의 도읍이었던 기간까지 합치면 1100년 정도 되는 긴 기간 동안 한 나라의 수도로서의 지위를 유지하여왔다.

그러나 한 곳이 오랫동안 계속해서 중심 도시로 발전하여왔다는 사실은 유적을 찾는 입장에서 보면 반드시 유리한 것만은 아니다. 특히 근대 이후 [illegible] 성장한 경우에는 오히려 불리하다고 보는 것이 맞을 것이다. 잘 알다시피 지난 20세기 인류가 겪어온 근대문명은 기능과 효율을 최우선으로 하는 개발의 시대를 겪었다. 이 점은 서울에만 해당하는 것은 아니고, 정도의 차이는 있지만 도쿄와 베이징과 같은 아시아의 역사도시는 물론, 런던이나 파리와 같은 유럽의 역사도시도 마찬가지이다.

인류의 역사에 있어서 근대의 시기는 기계공업의 발전에 따른 공장 생산의 확대와 그에 따른 인구의 도시 집중을 특징으로 한다. 건설의 측면에서도 철근콘크리트와 철골을 이용한 대형의 구조물을 만들 수 있게 됨에 따라, 이전 시기의 도시 발달이 점진적이었던 것에 비하여 획기적인 변화를 가져왔다. 이 과정에서 역사적 유적을 보호해야 한다는 생각이 싹튼 것도 역시 근대 초기의 일이지만, 생각과 실천 사이에는 항상 간격이 있게 마련이라서 그것이 제도화되고 또 가능한 많은 유적을 포함하는 것으로 확대된 것은 이미 많은 역사적 유적이 파괴된 이후의 일이다. 우리나라도 문화재보호법이 마련된 것은 1962년의 일이지만, 이때까지는 아직 궁궐이나 종묘, 남대문과 같은 크고 뛰어난 건축물만이 보호의 대상이 되었고, 도로나 주택과 같은 일반적인 도시 유적에 대한 보호의 노력이 시작된 것은 20세기말에 가서야 시작된다.

그러므로 서울의 주택을 다루는 이 책은 여러가지 면에서 불완전한 것이 되기 쉽다. 우선 우리가 전통 한옥이라고 부를 수 있는 근대 이전에 지어진 주택은 손으로 꼽을 수 있을 정도이고, 그나마 그것들도 조선후기에 지어진 것들이다. 실물의 유구가 없을 경우에는 문헌이나 그림, 그리고 건축 부재나 모형과 같은 간접 자료를 활용하는 수밖에 없는데, 이것 역시 조선시대 이전으로 올라가면 자료가 매우 드물다. 이 책에서 조선시대 이전 서울의 주택에 관련된 내용이 겨우 한 장으로 끝나는 것은 이와 같은 이유를 갖는다.

두 번째로 서울의 주택이라고 하였지만, 이때 서울의 경계를 어디로 삼을 것인가의 문제가 있다. 역사적으로 서울의 경계가 변해왔기 때문이다. 한성백제기에 첫 도읍으로 지금의 송파구 일대에 자리 잡았다고는 하나, 이때는 아직 둘레 성을 갖지 않고 왕성이나 산성 만이 발견된다. 그러니 정확한 도시의 경계는 알 수가 없다. 서울에 도시가 설치된 것은 고려시대의 일이라고 볼 수 있는데, 이때의 경계 역시 조선시대의 한양도성의 내부 어디라고 추정은 할 수 있지만 정확한 경계를 알 수 없다. 비교적 정확한 도시경계를 확인할 수 있는 것은 조선 이후의 일이며, 이때의 경계는 현재의 서울시의 행정 구역보다 작은 범위이다. 그러니 지금의 서울의 경계 내에는 조선시대 기준으로는 서울의 주택도 있고, 경기도의 주택도 있는 것이 된다.

따라서 이 책의 제2장에서는 조선시대의 주택에 대한 보다 일반적인 내용을 다루게 된 것이다. 또한 조선시대의 주택은 이전 시기의 주택과 획기적으로 달라지기 때문에 이에 대한 설명이 없을 수 없다. 조선시대의 주택이 크게 달라지는 것은 한편으로는 사회적인 측면에서, 다른 한편으로는 기술적인 측면에서 살펴볼 수 있미. 조선 사회는 이전의 고려 사회와 달리 성리학을 사상적 기반으로 삼았기 때문에 생활의 곳곳에서 그 영향이 드러나며 주택에서도 예외가 아니다. 계층에 따라 주택의 규모와 격식에 차이가 나며, 남자와 여자, 주인과 하인의 생활공간이 구분되어 나타난다. 이에 더하여 한 나라의 수도라고 하는 위상에 맞추어 왕족과 고위 관료의 고급 주택과 별장들이 있고, 최대의 소비시장인 만큼 상업을 위한 혹은 상업에 종사하는 사람들과 관련된 주택들이 있으며, 토지 이용 밀도도 높았고 기와집의 비율도 다른 지역보다 높았을 것이다.

기술적인 측면에서의 조선시대 주택의 변화는 무엇보다도 온돌의 보급에 있다. 우리가 알고 있는 온돌은 고려시대 중엽에 만들어진 것으로 생각된다. 물론 선사시대의 움집에서도 온돌의 초기 형식이 보이기는 하는데, 그것은 아직 방 전체에 구들이 깔린 완전한 온돌은 아니다. 완전한 온돌은 고려 중엽, 즉 12세기에서 13세기경에 만들어져서 서울 중심의 고급 주택에서 우선은 사용되기 시작하여 점차 전국의 모든 계층의 주택으로 확산되어 간 것으로 보인다. 17세기의 기록에서도 아직 서울에서 멀리 떨어진 지역에서는 온돌이 없어서 놀랍다는 기록이 보이는 만큼 완전한 보급에는 상당한 시간이 걸렸을 것으로 보인다. 온돌의 사용은 단지 방의 형식만을 바꾼 것은 아니고, 방에 붙어있는 마루와 부엌의 모습도 바꾸게 되고, 결국 주택 전체의 모습을 바꾸게 된다.

서울의 경우 최근 10여 년간에 걸쳐 도심부의 재개발 사업을 시행하면서 지표면 아래에서 많은 조선시대의 주택 유구가 발굴되었다. 그리고 그 유구들을 하나하나 다 정밀하게 조사하여 보고서를 내고 일부의 유구는 그대로 떼내어서 보존하기 시작하였다. 역사적 유구의 보호라는 면에서 획기적인 시도로 볼 수 있는데, 이를 통하여 조선후기는 물론 조선초기부터 16세기에 이르는 조선 전기의 상황을 간접적으로나마 확인할 수 있게 되었다. 이 유구들을 보면 서울의 주택은 이미 16세기에 아무리 조그만 주택이라도 최소한 하나 이상의 온돌방을 가지고 있고, 또 이미 토지 이용밀도가 높았기 때문에 중정을 가운데 두고 ㄱ자나 ㄷ자로 생긴 꺾음집들이 많이 지어졌다는 사실을 확인할 수 있었다.

이렇게 서울의 주택이기 때문에 달라지는 상황을 제3장에서 주로 다루었다. 실록과 법전에서 나오는 주택건축 규칙에 관련된 내용과 발굴 유구와 그림 자료들에서 엿볼 수 있는 서울 주택의 특징적인 모습들을 함께 다룬 것이다.

지금 남아있는 대표적인 주택들의 개별적인 상황에 대해서는 제4장에서 다루었다. 이런 집들은 초기의 문화재 보호의 대상이 되었던 것들, 다시 말해 크고 뛰어난 주택들이 대부분이다. 그러므로 자연히 왕과 왕족들의 주택인 궁집과 고위 관료의 주택과 별장과 같은 것들이고, 궁 안에 있는 연경당도 사대부의 주택을 모델로 삼아 지은 것이기 때문에 함께 포함하였다. 이들 고급 주택들은 대개 궁궐을 짓는 목수들이 지은 것들이라 기술적인 완성도가 매우 높다.

제5장에서는 근대 이후 서울의 주택이 변해가는 상황을 전반적으로 다루었다. 개항으로 인하여 외국의 근대 문물이 들어오면서

주택의 경우도 형식과 기술 모든 면에서 새로운 것들이 소개되었다. 동시에 기존에 있던 한옥들도 이에 맞추어 변화가 일어났다. 맨 먼저 새로운 형식과 기술을 적용한 건축물이 생기는 것은 새로 도입된 종교인 기독교의 건물이거나 근대식의 공장 건축이거나 혹은 근대화의 의지를 과시하기 위한 국가 시설들이었다. 하지만 주택은 일상적인 생활이 일어나는 곳이기 때문에 변화에 둔감하다. 그러므로 관청과 학교, 사무소 등이 근대식 건축으로 지어졌던 20세기의 중반까지도 일반 서울 시민들의 주택은 여전히 한옥의 형식을 유지하고 있었으며, 단지 부분적으로 새로운 재료를 사용하거나 근대적 설비를 도입하는 수준이었다.

근대기에 있었던 주택 부문의 더 큰 변화는 공급방식에 있었다. 조선시대까지 주택 건설은 소비자의 요구에 따라 목수 등이 형편에 맞게 건설하는 주문식 생산방식을 택하였으나, 1920년대가 되면 주택 건설업자가 먼저 많은 주택을 지어놓고 입주자를 찾는 새로운 공급방식이 등장하였다. 이렇게 되면 개개의 소비자 요구보다는 예상되는 입주자의 가족 규모와 생활 방식을 미리 가정하고 그에 맞추어 표준화된 주택을 건설하게 된다. 이 과정에서 방이 3개짜리 4개짜리 등으로 한옥이 규격화되며, 또 최대한 많은 주택이 비슷한 주거 환경을 갖게 하기 위하여 골목길이 가로세로로 반듯하게 만들어진다. 똑같이 집장사가 개발한 도시형 한옥단지라고 하더라도, 북촌이나 서촌 등지의 서울 도성 내부 지역과 돈암동이나 신촌 등지의 도성 바깥 지역을 서로 비교해서 보는 것은 흥미롭다.

이 책은 이렇듯 조선시대 서울의 한옥을 중심에 두고 그 이전의 시기와 그 이후의 변화의 과정을 함께 다루고 있다. 그 이전의 시기는 시기적인 이유로 인하여 역사적 증거가 부족할 뿐 아니라 서울로 한정하면 더욱더 다루기 힘들기에, 지역적 범위를 확장하여 경기도 일부 지역까지를 포함한 서술할 수밖에 없었다. 또 조선시대 이후로는 서울이 계속해서 우리나라의 중심 도시였기 때문에 서울의 한옥은 근대화와 도시화의 영향을 강하게 받은 특수한 사례를 보여준다. 그러므로 서울의 주택은 우리나라 중부지역의 주택이라는 하나의 지방 형식이기도 하면서 동시에 시기적, 기술적으로 우리나라 주택의 가장 선진적인 모습을 보여주기도 한다. 수 있는 기회가 된다. 특히 근대 이후 서울에서 일어난 변화는 시차를 두고 지방 도시에서 비슷하게 진행되며, 근대 이전에 있었던 기술적인 진보는 현재도 일부의 지방에 남아있는 고급 주택에 화석화되어 남아있다고 볼 수 있다. 이런 점이 서울의 주택을 살펴보는 의미가 될 것이다.

2017년 9월

전봉희(서울대 교수, 건축학)

제 1 장

조선시대 이전 서울의 주거 유적

1. 선사시대의 주거
2. 고대의 주거
3. 고려시대의 주거 건축

조 선 시 대
이전 서울의
주 거 유 적

1

선사시대의 주거

신석기시대에 시작되었던 농경은 인류의 문명에 큰 영향을 미쳤다. 농경을 하기 전에는 사람들은 수렵과 채취를 위하여 적당한 시간 간격을 두고 계속해서 이동하면서 생활하였다. 따라서 그들이 머무는 곳도 자연적으로 형성된 동굴이나 바위의 그늘, 그리고 간단한 조작으로 완성되거나 혹은 해체 후 재조립이 가능한 임시적 구조물이었을 것이다.

하지만 농사를 짓게 되면서, 사람들은 씨를 뿌리고 최소한 그것이 자랄 때까지 한 곳에 정착하여 생활하지 않으면 안 되게 되

연천 전곡리 신석기유적 전경(좌), 발굴 모습(우)

었다. 자연스럽게 한 곳에 머무는 기간이 상대적으로 길어졌고, 그들이 머무는 집도 훨씬 튼튼한 것이어야 했다. 게다가 농경지 부근에 살아야 했기 때문에 멀리 떨어진 바위 동굴은 사용할 수 없었다. 그러므로 땅을 파내려가 수직의 굴을 만들고 그 위에 지붕을 덮은 움집이나 나무 위에 바닥과 지붕을 만든 말뚝집 같은 신석기 주거형식이 만들어졌다.

씨앗과 곡물, 열매 등을 담기위한 그릇이 만들어지기 시작한 것도 이 시기의 일이다. 불과 도구를 사용한 것이 인류의 조상인 원인과 구석기인의 특징이라면, 그릇과 고정식 주택의 사용은 신석기인들의 것이다. 또 신석기의 시작은 오랜 빙하기가 끝나고 기후가 온난해지는 현세의 시작과 일치하기 배문에 이들 신석기

문화는 현재 인류 문명의 직접적인 시작점으로 볼 수 있다.

한반도에서도 사람이 살기 시작한 것은 아주 오래되어서, 한반도 및 그 북쪽지역에서는 약 70만 년 전의 구석기 유적이 발견된다. 그러나 이 시기에 속하는 유적에서는 아직 집터라고 할 만한 것이 발견되지 않는다. 한반도의 신석기 문화는 약 만 년 전부터 시작된 것으로 보이지만, 주택의 초기적인 형식인 움집의 유적이 발견되는 것은 이보다 조금 늦어서 약 8000년 전 정도부터이다.

움집은 지면보다 낮게 땅을 파고 그 위에 지붕을 덮은 간단한 구조물로서, 신석기시대의 움집은 바닥 깊이가 60~70cm 정도, 지름은 4~6m 정도의 둥근 형태를 이룬 것이 많다. 지면보다 낮게 굴을 판 것은 그 흙벽이 자연스럽게 벽체 역할을 하여 별도로 벽을 만들지 않아도 되기 때문이다. 또 움집의 바닥 모양이 원형을 갖는 것은 그것이 지붕을 만들기 유리하였기 때문이다. 즉, 여러 개의 나무를 한 점에 모이도록 경사지게 놓음으로써 손쉽게 고깔 모양의 구조를 만들 수 있고, 그 위에 풀이나 가죽 등을 덮어 비바람을 막을 수 있었다. 출입과 채광을 위하여 한쪽으로는 지붕이 조금 튀어나가게 하고 그 바닥도 경사지게 하였다.

정착 생활을 비약적으로 발전시킨 농경의 시작은 한반도에서 기원전 3500년 전후의 일로 확인되며, 뒤이어 기원전 1000년경에는 청동기문화가 중국 대륙에서 한반도에 전래되고 곧 벼농사도 시작되었다. 이 시기에도 여전히 움집을 주요한 주택형식으로 사용하였으나, 움집의 바닥은 점차로 얕아지고 크기도 점차 커졌으며, 형태도 원형에서 사각형으로 바뀌어 갔다. 움집의 바닥이 얕아지는 것은 수직의 벽체가 사용되었다는 것을 의미한다.

즉, 신석기시대의 움집이 지붕을 바로 땅에 박아서 사용하였다면, 청동기시대가 되면 인공적인 벽체가 등장하고 그 위에 지붕이 놓이는 형식으로 바뀌는 것이다. 또, 바닥의 형태가 원형에서 사각형으로 바뀌고 크기가 커지는 것은, 한 집에 거주하는 가족의 수가 증가하는 것과 관련이 있다. 원형의 경우, 바닥의 크기를 키우면 지붕도 덩달아서 큰 원뿔형이 되어서 만들기 어려워지고, 또 내부 공간을 여러 개로 나누어 사용하기에도 불리하다. 이에 반해 사각형의 움집은 크기를 한쪽 방향으로 길게 늘이면 쉽게 큰 내부공간을 만들 수 있고, 여러 개의 방으로 나누는데도 유리하다.

지역에 따라 차이가 나지만, 기원전 300년 정도까지 지속된 청동기시대 유적지는 한반도의 전역에 두루 분포하는데, 그 가운데는 수십 동 이상의 움집이 무리를 지어 있는 것이 대부분이고, 그 가운데는 부여 송국리 유적처럼 주거지 둘레에 나무를 박아 울타리로 만든 목책木柵, 울주 검단리 유적처럼 도랑을 파서 물을 담은 호濠와 같은 집단적 방어시설의 흔적을 갖춘 것도 있다. 또 이렇게 집단을 이루어 형성된 마을의 유적에는 개별 주택 이외에 공동으로 관리하는 대형의 창고와 같은 공동시설도 함께 발견되

부여 송국리 유적 목책복원 모습(좌), 울주 검단리 유적 집터 전경(우)

는 것이 특징이다.

청동기시대와 그에 뒤따르는 초기철기시대의 움집에서 한국 주택의 가장 큰 특징이라고 할 수 있는 온돌의 원시적 형식이 함께 발견되기도 한다. 신석기시대의 움집에서는 움 안에 불을 피웠던 노지爐址(화덕자리)가 발견될 뿐이지만, 청동기시대 이후의 움집에서는 그 노지가 둘 이상 있는 경우도 있고, 더 나아가 노지에서 시작하여 집 밖으로 이어지는 수평의 연기 통로가 바닥에 깔려있는 고래의 유적이 발견되는 것이다.

이 연돌은 돌을 두 줄로 나란히 깔고 그 위에 역시 돌로 덮개돌을 놓는 정도의 초보적인 것이지만, 이것을 사용하면서 집 안에 연기가 차는 것을 막고 온기를 유지하는데도 더 효율적이었을 것이다. 이것은 우리나라 중세 주택에서 볼 수 있는 온돌과는 달리 실내 공간의 일부에만 고래가 있는 것이기 때문에, 부분온돌 혹은 쪽구들이라 부른다.

고상식 주거 모형 토기

이와 같은 부분 온돌은 비단 한반도의 선사 유적에서만 발견되는 것이 아니고, 중국의 만주와 러시아의 연해주 지역에서도 광범위하게 발견되며, 심지어 중국의 동북지역과 화북지역에서는 현재에 이르기까지도 그 진화한 형태의 부분 온돌이 널리 사용되고 있다. 중국에서는 이를 캉炕이라고 부른다.

움집과는 계통을 달리 하는 또 하나의 선사시대의 주택 형식은 나무로 말뚝을 박고 그 위에 세운 다락집이다. 나무로 된 구조물의 특성상 그 흔적을 구체적으로 확인하는데 어려움이 있고 단지 나무 말뚝의 부재나 땅에 나무 말뚝을 박았던 구멍 등을 발굴하

중국 하모도 유지 박물관의 다락집 복원모형

여 그 형태를 유추할 수 있다.

하지만 역사 기록 속에서 옛날의 주거의 형식으로 소개하고 있고, 또 시대가 조금 더 뒤지만 가야의 유적에서도 다락집의 유적을 볼 수 있다. 역사 기록으로는《한서》지리지에 한반도의 주거 형식으로 '혈처穴處'와 '소거巢居'가 기록되어 있는 것이 대표적인 사례이다. 혈처는 구멍을 파서 만든 집이라는 뜻이므로 수평으로 구멍이 있는 바위의 암굴이나 수직으로 땅을 판 움집 모두가 해당될 것 같고, 소거는 새 둥지라는 의미이므로, 나무 위에 지은 집으로 볼 수 있다. 같은 기록에서 마한馬韓의 사람들은 계절에 따라 이 두 곳을 오가며 생활하였다고 기록되어 있다.

한편, 중국의 장강 하류지역에서 발견된 유적 중에서는 기원전 6000년으로 거슬러 올라가는 원시 다락집의 유적을 볼 수 있는데, 이는 다락집이 움집보다 나중에 생긴 것이라는 일반적인 생각을 뒤집는 것이다. 오히려 이 두 가지 원시 주거의 형식은 거의 같은 시기에 서로 다른 지역에서 서로 다른 환경적 조건에 맞추어 별도로 형성되었다고 보는 것이 더욱 타당할 것이다. 현재에도 동아시아와 동남아시아 지역의 토속 주택에서는 움집과 다락집의 발전된 형식을 둘 다 볼 수 있으며, 한국의 전통 주택 형식인 한옥에 있는 온돌과 마루는 각각 움집과 다락집의 계보를 잇고 있는 것으로 볼 수 있다.

서울의 대표적인 선사 유적지는 암사동 선사유적이다. 암사동 선사 유적지에서는 세 개의 문화층이 함께 발견되었는데, 지표로부터 제일 아래에서 신석기 문화층이 나오고, 그 위에 신석기 후기 또는 청동기 문화층이, 그리고 제일 위에서는 백제 초기의 문화층이 나온다. 제일 위의 문화층은 풍납토성 유적지의 백제 초기 문화층과 시기를 같이 한다.

암사동의 신석기 문화층에서는 신석기시대의 대표적인 지표인 농경의 흔적이 나오지 않았지만, 간석기와 빗살무늬토기가 대량

복원된 암사동 선사유적지 움집

으로 출토되고 움집이 무리를 지어 발견되기 때문에 신석기 문화층으로 볼 수 있다. 수렵과 채집, 어로를 통하여 주된 경제생활을 이어 나간 것으로 보인다.

암사동에서 발굴된 신석기시대의 움집은 모두 25기로서 우리나라에서 발굴된 신석기시대 집자리 유적 가운데 가장 규모가 크다. 바닥의 모양은 원형 또는 모퉁이가 둥근 사각형의 모습을 띠고 있으며, 원형의 경우 지름 5m 내외, 사각형의 경우도 가로 세로 모두 5~6m 내외의 비슷한 규모를 갖는다. 지면으로부터 1m

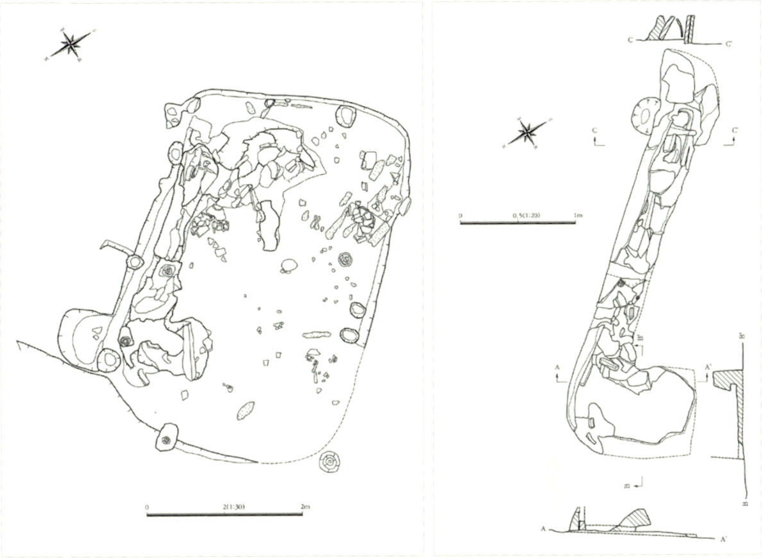

수원 서둔동 유적의 원삼국시대 5호 주거지 평면도(좌)
원삼국시대 5호 주거지 터널형노지 평면도(우)

정도 파내려간 집 안에는 가운데 노지가 있고 둘레 가까이에 4개 정도의 수직 기둥 구멍이 있어서, 원뿔형의 지붕구조를 기둥과 보로 바치는 형식이었음을 짐작할 수 있다. 기둥 구멍 외에 토기를 고정시키는 작은 구멍과 저장 구덩이도 보인다. 함께 발굴된 목탄에 대한 방사성 탄소연대 측정법 측정 결과는 대략 기원전 5000년 정도로 나왔다.

경기도 수원시 서둔동 여기산 자락에 위치한 선사 유적에서는 청동기시대 주거지 3기와 초기 철기시대 집터 6기가 조사되었다.

청동기시대 주거지 가운데 평면 형태를 추정할 수 있는 주거지는 2기로 모두 길쭉한 사각형의 형태이며, 특별한 내부시설이 확인되지는 않았다. 또 기원후에 해당하는 원삼국시대 주거지의 평면 형태는 사각형 계통과 凸(철)자형 계통으로 구분된다. 내부 시설로는 터널형 노지(쪽구들) 및 부뚜막 시설이 확인되며, 일부 서까래 구조물이 탄화되어 확인되기도 하였다. 출입구는 주로 능선 상면을 따라 형성되어 있으며, 특별한 규칙성을 띠고 있지는 않다.

원삼국시대에 해당하는 5호 주거지는 북서-남동을 장축으로 하는 직사각형의 평면을 가지며, 아래쪽 일부의 벽체 부분이 유실되었을 뿐 비교적 완전한 형태로 발굴되었다. 전체 규모는 긴 변이 4.9m, 짧은 변이 3.2m 정도이며, 깊이는 약 30cm이다. 내부에서 터널형 노지와 기둥 구멍이 확인되었다. 터널형 노지는 북동쪽 벽을 따라 길게 이어져 집 바깥으로 연기 구멍으로 연결된다. 규모는 아래 불 때는 곳이 폭 80cm 정도, 가운데 구들 부분은 폭 25cm이고, 전체 길이는 3.5m이다. 윗부분은 유실되어 어떻게 막았는지 알 수 없으나, 좀 더 부드러운 흙이나 진흙 등을 이용하였을 것이라 짐작된다. 굴뚝 내부에는 재가 가득 차 있었다.

2

고대의 주거

1) 고급 주거 형식의 완성

청동기시대에 이미 고조선이라는 최초의 국가가 한반도의 북부와 만주 지역에 걸쳐 수립되었으며, 한반도의 남쪽으로는 여러 부족 국가들이 있었다. 이후 기원전 1세기에 신라, 고구려, 백제가 차례로 건국되지만, 궁궐과 왕릉 등의 거대 기념물을 남긴 것은 3~4세기의 일이다. 이 시기에는 고급 종교인 불교가 전래됨에 따라 중국은 물론 멀리 인도와 서역의 문물까지도 간접적으로 한반도에 전래되게 된다.

이보다 앞서 기원전 2세기말 중국의 고대 왕국인 한漢 나라가 우리나라의 서북부까지 영토를 확장하게 되면서 한반도에도 고급의 건축기술이 전파되었다. 기원전 5세기경 중국의 중심부에서 형성된 것으로 생각되는 이 기술은, 나무로 된 기둥과 보로 몸체의 얼개를 만들고, 그 위로 도리와 서까래로 만든 지붕틀을 놓고, 기와를 덮어 지붕을 만드는 목조의 가구식架構式 건축이다. 기둥 사이의 벽면은 흙심벽(가운데 나무로 얼개를 짜고 그 앞뒷면에 진흙을 발라 만든 벽)이나 나무널판벽으로 만들었으며, 각 지역의 기후 조건에 따라 다양한 창과 문을 설치하였다.

이러한 중국식 목조건축은 기후에 대한 적응력이 좋고, 재료를 구하기 쉬우며, 지진 등의 위협으로부터도 안전하기 때문에 중국 대륙과 한반도, 베트남, 일본 열도의 전역으로 점차 확산되어 갔다. 하지만 이와 같은 고급건축은 처음에는 궁궐이나 종교시설 등의 일부 고급 시설에만 적용되었고, 일반인들의 주택은 여전히 이전 시대와 같이 움집을 주로 사용한 것으로 보인다.

고대 국가 성립 이후에도 서민 주택으로 계속해서 사용된 움집은, 이전 시기에 비하여 평면의 규모가 더 커졌고, 바닥의 모양도 단순한 사각형이 아니라, 凸(철)자형이나 呂(여)자형과 같이 복잡한 형태를 갖게 되었다. 이것은 집으로 들어가는 입구 부분을 돌출하여 제대로 설치하거나 내부의 공간을 둘로 구분한 것이었다.

또한 이 시기의 움집은 바닥이 더욱 얕아져서 지면으로부터 겨우 10~20cm 밖에 안 되는 것들이 많고, 기둥도 바로 땅에 박아서 세우기 보다는, 기둥 아래에 주춧돌을 놓아서 기둥이 땅으로 가라앉지 않도록 방비하였다.

바닥을 지면으로부터 떨어뜨려 만든 다락집의 유적도 이 시기에 함께 발견된다. 규모는 대체로 정면이 1칸 내지 3칸, 측면이 1칸 내지 2칸 정도의 소규모의 것들로, 칸의 크기도 2m 정도의 소규모의 건물들이 많다. 주로 창고의 용도로 사용되었을 것으로 추정되며, 남부 지방에서 출토된 집모양의 토기가 대표적인 사례이다. 전면에 사다리를 두어 말뚝 위에 세운 집에 오르게 되어 있고, 지붕은 기와를 이용한 맞배지붕의 형식을 가지고 있다. 문헌기록에서도 다락집이 기록되어 있다. 중국의 사서인《삼국지》위서 오환선비동이전烏丸鮮卑東夷傳 고구려조高句麗條를 보면 다락식 창고인 부경桴京이 고구려에서 사용된 사실을 확인할 수 있다.

처음 궁궐과 종교시설 등에만 사용되었던 고급의 건축기술은 점차 상류층의 주택을 시작으로 일반 주택에도 사용되게 되었다. 4세기경에 만들어진 고구려의 고분에 남아있는 벽화를 보면, 무덤의 주인공이 생전에 사용하였던 집의 모습이 구체적으로 그려져 있다. 이를 통해 당시의 귀족 주택은 각각 독립적인 기능을 담당하는 여러 채의 건물들이 모여서 이루어졌음을 알 수 있다.

즉, 안악3호분의 벽화를 보면, 부엌, 고깃간, 외양간, 마구간, 방앗간, 수레고 등이 무덤의 전실前室에 그려져 있다. 각 건물은 겨우 1~2칸의 작은 건물이지만, 모두 기와지붕을 하고 있고, 구조는 기둥과 보를 이용한 목조건축임을 짐작할 수 있다. 주인이 거주하는 본채의 건물은 그려져 있지 않은데, 이는 주인공의 관을 둔 무덤의 주실主室이 이에 해당하기 때문이다.

이와 같은 주택의 구성은 최근 발굴한 경주의 신라왕경 유적지에서도 확인된다. 신라왕경 발굴지를 보면, 하나의 주택은 대문과 담장으로 둘러싸인 사각형의 영역 안에 7~8채의 독립적인 건물들이 늘어서 있음을 알 수 있고, 각 건물은 최대 3칸을 넘지 않는다. 담장 안에 우물터가 함께 발견되는 주택지도 있다.

여러 개의 작은 건물들이 모여 하나의 주택을 만드는 방식은 같은 시기 중국의 주택에서도 발견된다. 중국 한대漢代의 무덤에서 발굴되는 집모양의 토기들은 여러 개의 작은 건물들이 마당을 가운데 두고 사방으로 둘러싼 구성을 가지고 있음을 확인할 수 있다. 이러한 구성을 갖는 주택을 사합원四合院이라고 하는데, 사합원식 주택은 비단 한나라 때뿐만 아니라 이후 당·송을 거쳐 명·청시기에 이르기까지 중국의 전통적인 주택 형식으로 발전하였다. 하지만 한국의 주택은 고려시대에 온돌이 사용되기 시작하면서 개별의 건물들이 서로 연결되어 복잡한 바닥모양을 갖는 것으로 바뀌게 된다.

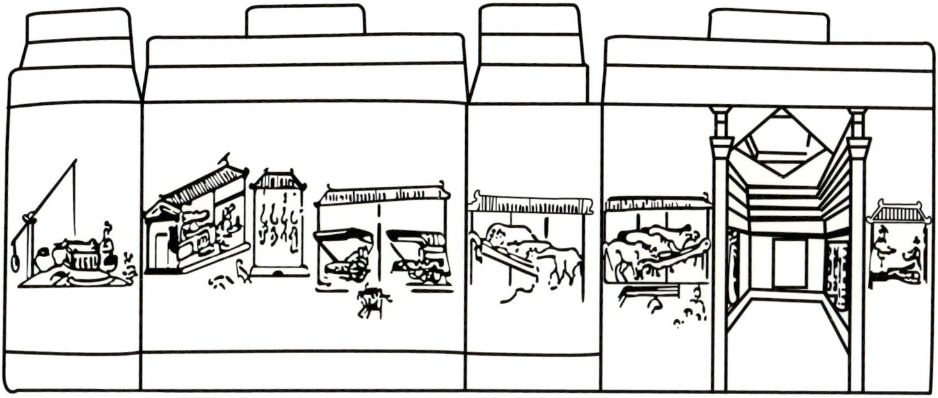

안악3호분의 전실에 그려진 주택의 부속 건물들

고대의 주택의 모습을 보다 구체적으로 알려주는 문헌 자료가 《삼국사기》 옥사조屋舍條의 기록이다. 삼국사기는 고려시기에 쓰여진 삼국시대의 역사서인데, 그 안에 주택에 대한 신라의 규정이 기록되어 있다. 엄격한 신분 사회를 유지하였던 신라는 신분별로 주택의 건축에도 엄정한 제한 조항들이 있었다. 즉, 집의 크기는 물론이고, 사용할 수 있는 재료, 장식, 가구, 시설 등에도 신분별 차이가 있었다. 이 규정들을 통하여 당시의 주택들이 어떠한 재료와 장식, 가구와 시설 등을 사용하였는지를 간접적으로 알 수 있다.

최상급의 신분은 상에 드리우는 발에 비단을 사용하고 가구에 대모玳瑁(거북 등껍질)라는 고급의 재료로 치장하고, 지붕의 장식

중국 섬서 역사박물관의 서안시 교외에서 출토된 당(618~907) 시기 주택 모형

으로 치미鴟尾(물고기 모양의 지붕끝 장식기와)와 같은 장식 기와를 사용하고, 정면 길이가 24척尺이 넘는 건물을 집 안에 가질 수 있었다. 심지어 기둥과 보가 만나는 부분에 공포栱包(기둥과 보, 도리가 만나는 부분에 작은 나무를 여러 개 겹쳐 쌓아 만든 것으로 구조 보강과 장식의 기능을 겸한다)와 같은 고급의 건축기술을 사용하였는데, 이를 통해 처음에는 궁궐이나 종교건축에만 사용되었던 고급 기술이 신라 후기에는 주택에도 사용되었음을 알 수 있다.

2) 한강 유역의 고대 주거지 유적

① 풍납토성의 주거 유적

한성백제 시기(기원전 18년~기원후 475년)의 도성에 대해서는 여러 가지 이견이 있으나 대체적으로 현재의 풍납토성과 몽촌토성을 북성北城과 남성南城으로 지칭하며 왕성으로 인정하고 있다. 풍납토성은 서울특별시 송파구 풍납동에 위치하고 있으며 한강변에 위치한 판축토성으로, 그 아래 남쪽으로 몽촌토성과 방이동고분, 석촌동고분 등 백제유적이 위치하고 있다. 성벽의 전체길이는 약 3.5km이고 내부 면적은 743,801m²(약 22만5천 평 이상)이며, 그중 가장 많은 유구가 발견된 곳은 풍납동 197번지 일원으로, 서쪽의 유실된 서성벽 바로 안쪽에 위치한다. 여기서는 2~3세기의 움집 주거지에서부터 지상건축 유적 등 다양한 주거 유적지이 확인되었다. 이 중에 잔존상태가 좋은 주거 유적 약 32기의 유구를 중심으로 풍납토성 주거지의 특징을 살펴보면 다음과 같다.

원삼국시대기에 해당하는 주거지 단계에서는 주로 오각형 평면에 쪽구들과 노지가 결합된 취사 시설이 있는 凸(철)자형 주거지가 주로 확인된다. 기둥은 모두 주춧돌 없이 기둥을 땅에 바로 박는 굴립주掘立柱 형식으로 넓은 간격(기둥간 1m 전후)이 다수를 이룬다. 출입구 시설은 모두 凸자형의 튀어나간 부분에 있고 완만한 경사면을 이뤄 연결된다. 내부 기둥은 중심부에만 있는 것이

서울스카이에서 본 풍납토성 전경

대부분이다. 이러한 내용은 수원 서둔동 유적의 원삼국 시대 움집터에서 보이는 것과 유사하다.

한성백제 시기로 가면 육각형을 띤 凸자형의 주거지 형태가 다수 확인된다. 북동벽에 직각으로 一자형 연도가 있는 부뚜막 시설이 발견되며, 바로 옆의 좌우측에는 보조 노지와 잿간이 확인되기도 한다. 기둥은 굴립주 형식이고, 넓은 간격(기둥간 1m 전후), 좁은 간격(50~80cm), 촘촘한 간격(30cm 이하)이 모두 다양하게 확인된다. 일부 출입구 시설에서 呂(여)자형 구조가 확인되며, 대부분

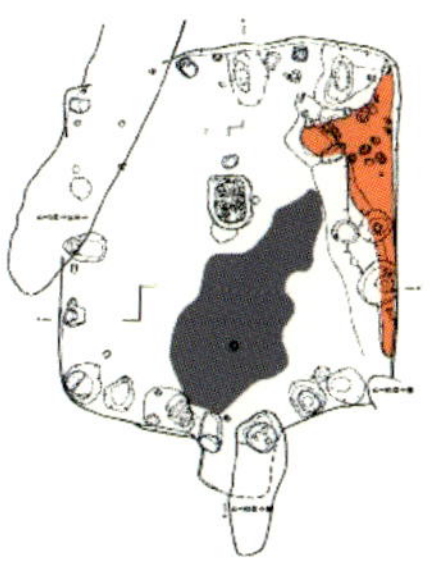	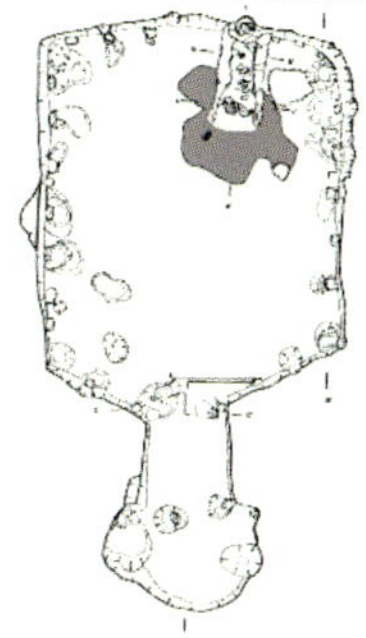
라–13호 주거지	나–10호 주거지
원삼국 Ⅲ기	한성백제 Ⅰ기

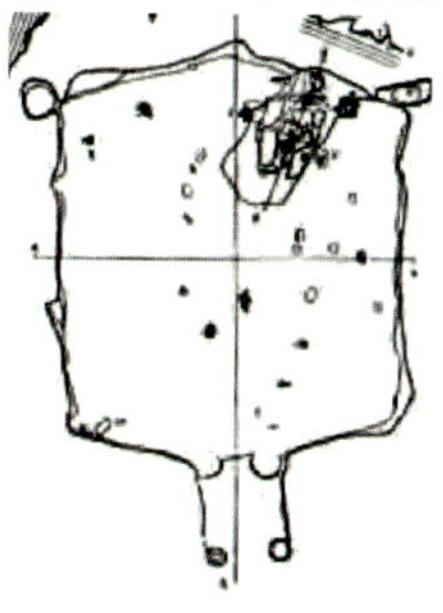	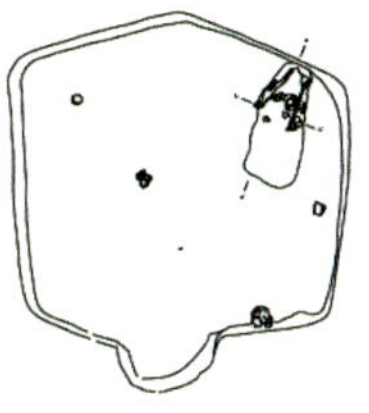	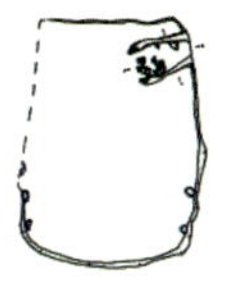
현대 가–7호 주거지	나–3호 주거지	미래 마–1호 주거지
한성백제 Ⅱ기	한성백제 Ⅲ기	한성백제 Ⅳ기

풍납토성 시기별 주거지 양상 비교

완만한 경사로로 연결되어 있다.

한성백제 Ⅱ기가 되면 육각형 주거지의 비율이 증가하며, 기둥 간격도 대부분 촘촘한 형식을 취하고 있다. 출입구는 단이 지는 형식과 경사면을 이루는 형식 모두 고르게 확인된다. 주목되는 점은 내부 기둥 위치인데, 삼각구도형이 다수 확인되어 가옥 구조상의 변화가 있었음을 볼 수 있다.

이후 한성백제 Ⅲ기와 Ⅳ기의 주거지에서는, 점차 주거지 면적이 소형화되고, 평면형이 다시 사각형이나 직사각형으로 바뀌고, 굴립주가 아니라 기둥을 땅 위에 세우는 형식이 늘어나는 것을 확인할 수 있다. 이것은 계급에 따라 주거지가 소형과 대형의 것으로 구분되며, 점차 지상주거화하는 과정을 겪는 것으로 볼 수 있다.

② 아차산 보루의 주거 유적

고대 삼국이 각축을 벌인 한강 유역에는 고구려 유적이 다수 분포하고 있다. 한강 북안의 아차산 일원에는 각 봉우리마다 보루가 자리하고 있다. 아차산 일원의 보루는 모두 22개소가 조사되었으며, 규모와 형태를 알 수 없는 백련봉 보루와 정립회관 보루를 포함하면 24개에 달한다. 이 중 발굴조사가 실시된 보루는 모두 8개소이다. 용마산 정상에 위치한 용마산 3보루가 가장 높은 지점에 위치하고, 구의동 보루가 가장 낮은 지점에 위치한다.

홍련봉 1보루 전경

각각의 보루는 성벽과 목책 등의 방어시설과 내부의 담장, 건물지, 저수시설, 배수시설 등으로 구성되어 있다.

발굴조사가 이루어진 8개의 보루에서 확인된 건물지는 모두 71기에 달한다. 건물지 중에는 고구려가 만든 것뿐 아니라 후대의 신라 통일기에 만들어진 것도 포함되어 있다. 홍련봉 1보루의 건물지 18기 중에 고구려 당시에 축조된 건물은 10여기 내외였던 것으로 보인다. 또, 5기의 건물을 제외한 나머지는 모두 지상식 건물이다. 건물의 형태는 장방형 또는 방형이 대부분이나 지형적 요인에 의해 부정형이 된 것으로 보이는 것도 있다.

건물 전체의 구조가 잘 남아 있는 경우 건물의 평면 형태는 방

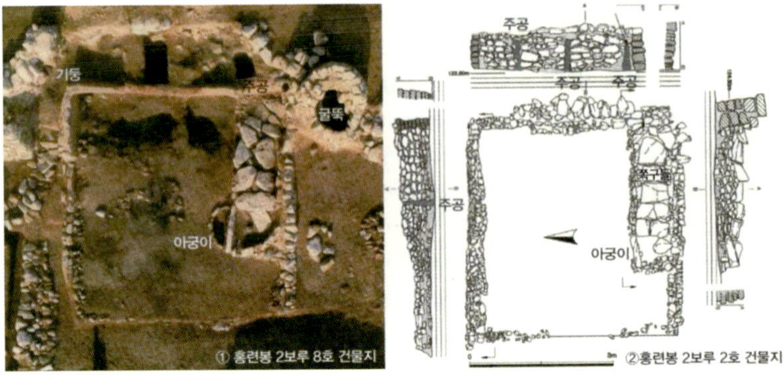

홍련봉 2보루 건물지

형에 가까우며, 내부에는 쪽구들을 설치하였다. 대표적인 예로 홍련봉 2보루의 2호, 4호, 8호 건물을 들 수 있는데, 건물의 규모는 5m 내외로 정방형에 가까우며, 건물의 모서리에 출입구를 설치하였고, 벽체를 따라 구들을 설치하였으며, 굴뚝은 벽체 밖에 설치하였다.

구들은 평면형태가 ㄱ자형인 것과 一자형 것 두 종류가 있다. 지금까지 조사된 53기의 구들 유적 중 ㄱ자형은 13기에 불과하고 一자형이 40기로 훨씬 많다. 구들의 벽체는 작은 할석(깬돌)과 점토를 섞어 쌓아 벽체를 만들고 그 위에 커다란 판석을 올려 고래를 만들었으며, 다시 점토로 미장하였다. 아궁이는 고래와 직교하는 방향으로 설치하는데, 좁고 긴 석재를 세워 아궁이 틀을 만들고 그 위에 이맛돌을 얹었으며, 아궁이 내부에는 솥을 받

칠 수 있도록 지각을 설치하였다.

건물 지붕에 대한 자료는 거의 남아 있지 않지만 구의동 1보루에서는 판재를 이용해 지붕을 덮었던 흔적이 남아있으며, 홍련봉 1보루의 1호 건물과 12호 건물은 기와를 덮었던 것으로 추정된다. 기와가 발견된 점은 매우 중요한데, 이를 통하여 몸체의 목조 구조가 기와지붕의 무게를 견딜 만큼 충분히 튼튼해졌다는 점을 확인할 수 있고, 이것이 고대 건축의 단계로 들어섰다는 증거가 되기 때문이다. 다만 기와지붕을 사용하는 고급의 건축 기술이 주택에까지 보급된 것은 고대 후기의 일이다. 그러므로 서울을 무대로 활동하였던 한성시기의 백제나 고구려의 유적에서는 이와 같은 고급 주택의 유적은 찾기 어렵다.

3

고려시대의 주거 건축

1) 온돌과 마루의 형식

한국 주택의 가장 특징적인 공간 형식인 온돌이 완전한 모습을 갖추게 된 것은 고려 중기인 12~13세기경으로 추정된다. 현재까지 발굴된 유적지 가운데 가장 이른 시기의 것은 13세기에 속하는 것이지만, 12세기의 기록에 온돌로 추정할 수 있는 방에 대한 언급이 있는 것으로 보아서, 앞으로 이보다 더 빠른 시기의 유적이 발견될 가능성이 있다.

온돌은 처음에는 상류층의 노약자나 병자를 위한 시설로 사용된 것으로 추정된다. 조선시대의 많은 기록들에서 온돌의 설치를 둘러싼 논쟁들이 보이고, 심지어 17세기의 기록에서도 서울에서 멀리 떨어진 지역에는 아직 온돌이 보급되지 않았다는 기록이 발견되는 것으로 보아서, 온돌이 전국적으로 보급된 것은 17세기에 가서야 완성된 것으로 보인다.

온돌의 사용 이후로 방은 난방이 되는 깨끗한 돌바닥이 되고, 방과 마당의 바닥 높이차가 커졌다. 온돌의 사용은 온돌방의 공간 형식을 바꾸었을 뿐만 아니라, 주택 전체의 공간 형식과 성격에도 영향을 주었다. 예를 들어, 연료를 절약하기 위하여 하나의 불로 난방과 취사를 겸하게 할 필요가 있었기 때문에 부엌은 언제나 온돌방과 나란히 붙여서 만들어졌고, '부뚜막'이라고 하는 독특한 아궁이 형식을 만들었다. 부뚜막의 아궁이에 불을 때면 그 불이 바로 위에 걸린 솥을 데우고, 그 다음 화기가 연돌을 지나가면서 그 위에 있는 온돌방을 데우고, 최종적으로 굴뚝으로 빠져 나가게 된다. 그래서 아궁이가 있는 부엌의 바닥과 온돌방의 바닥은 90cm 정도의 높이차가 나게 되고, 부엌 바닥을 마당보다 낮게 만들지 않는 한 방바닥은 마당보다 훨씬 높게 놓이게 되는 것이다.

이렇게 높아진 온돌방의 바닥으로 마당에서 신발을 벗고 들어가기 위해선 중간에 디딤판이 필요하게 된다. 우선 기단을 집 안레로 30~40cm 정도 높이로 쌓아 디딤판 역할을 하게 하지만, 그것만으로 충분치 않아서 기단 윗면에서 방으로 올라가기 위해선 중간 과정 공간이 필요하게 된다. 그래서 방 앞에 툇마루를 두거나 방 옆에 마루방을 두어 이를 거치도록 하였다. 이제 마당에서 방으로 들어가기 위해선 기단으로 올라가 기단에서 신발을 벗고 마루로 올라서고, 마루에서 다시 방으로 들어가게 되는 것이다.

이렇게 어렵게 실내 공간으로 올라서게 되면, 그 다음은 가능한 다시 기단이나 마당으로 내려가지 않고 같은 높이에서 신발을 벗은 채로 다른 방으로 다니는 것을 원하게 된다. 그래서 한국의 주택은 부엌이나 외양간 등의 작업 공간을 제외하곤 모든 실내의 생활공간이 서로 같은 높이에서 연결된 구성을 가지게 되는 것이다.

온돌방과 부엌이 주거생활을 영위하기 위해서 필요한 필수 요소라고 한다면, 마루는 4칸 이상의 규모에서만 사용되는 고급의 공간이다. 나무 널로 바닥을 만든 마루방은 비록 난방이 되지 않아 겨울철에는 사용하기 힘든 공간이지만, 조상의 신위를 모셔두고 제사를 지내는 존귀하고 위계가 높은 공간이다. 특히 집의 한 가운데 위치한 마루는 '대청大廳'이라고 하여 결혼식과 같은 가족의 중요한 행사가 일어나는 공간으로 사용된다. 또 마루는 여름철에는 더위를 피하여 식사와 휴식을 하고 손님을 접대하는 일상적인 공간으로도 사용되고, 식량을 보관하는 뒤주가 놓이는 공간이기도

낮은 마루(좌)와 높은 마루(우)의 기원을 동시에 살펴볼 수 있는 덕흥리 고분 현실의 벽화

하며, 규모가 큰 집에서는 창고방을 마루방으로 만들기도 한다.

이와 같은 마루의 다양한 성격은 두 가지 기원으로부터 이어져 오고 있다. 하나는 선사시대의 다락집이다. 땅 위에 말뚝을 세우고 그 위에 바닥을 깔아서 사용하는 다락집의 전통은 초기에는 곡식 창고 등으로 주로 사용되었으나, 후대에 와서 원두막이나 정자 등으로 이어진다. 군사적으로 지어진 망루 등도 같은 전통으로 볼 수 있다. 이들은 모두 바닥을 높이 올려 지면에서 오는 각종의 위협으로부터 피하고, 멀리 내다보며 경치를 감상하든지 적을 감시하는 역할을 한다. 이러한 다락집의 전통은 비단 한국의 주택에만 있는 것은 아니고 세계의 여러 곳, 특히 동남아시아의 해안지역과 산악지역에서 많이 발견할 수 있다.

마루의 또 다른 기원은 고구려의 고분 벽화에서 보는 평상이다. 평상은 그저 신발을 벗고 올라가 앉기 위한 낮은 마루이다. 하지만 낮은 높이차에도 불구하고 평상 위에 올라가 앉은 사람은 그 주변에 서서 시중을 드는 사람들보다 높은 신분임을 과시한다. 마루라는 말의 어원도 산의 높은 능선을 의미하는 '산마루'나 사람이나 동물의 머리를 의미하는 '머리', '마리' 등에서 비롯된 것이다. 즉 말 뜻 그대로 '마루'는 주변에 비하여 더욱 존귀한 공간이라는 의미와 역할을 가지고 있다.

온돌과 함께 한옥의 공간 형식을 특징짓는 마루는, 이처럼 실용적인 다락집[樓](stilt house)의 전통과 위계 높은 상석上席(platform)의 전통을 아울러 가지고 있다고 볼 수 있다.

12세기경 온돌이 처음 만들어지고 나서, 우선 부엌을 바로 옆에 부설하는 '온돌과 부엌'의 결합이 이루어졌을 것이고, 곧 이어 마루방이 온돌과 나란한 '온돌과 마루'의 결합도 이루어져서, 최종적으로는 '온돌, 마루, 부엌'이 하나의 건물 속에 함께 하는 한국 주거 건축의 원형, 즉, 한옥의 원형이 만들어졌을 것이다.

2) 고려시대의 서울 지역과 주거지 유적

아쉽게도 고려시대의 주택이 실물로 남아있는 사례는 없다. 따라서 여전히 고대 사회의 주택에 대한 접근과 마찬가지로, 문헌이나 발굴된 유적을 통해 접근할 수밖에 없다. 그나마도 온전한 주택보다는 사찰 등의 발굴에서 나오는 생활 구역에 대한 조사를 통하여 간접적으로 주택의 모습을 엿볼 수 있을 뿐이다. 하지만, 고려시대에는 우리나라 주택의 가장 특징적인 공간요소라고 할 수 있는 온돌이 완성되는 시기라는 점에서 매우 중요하다. 문헌으로는 《고려도경高麗圖經》이나 《동문선東文選》 등에서 그 단서를 찾을 수 있고, 서울 주변의 유적으로는 파주의 혜음원지나 양주의 회암사지에서 온돌의 유적을 볼 수 있다.

① 고려의 남경 건설

기록에 따르면 고려의 남경은 문종이 1067년(문종 21) 12월에 양주를 남경 유수관으로 승격시켜 인근 군민을 이주해 채우면서 창건되었고, 1068년(문종 22) 12월에 이곳에 신궁新宮을 조영하면서 국왕의 거처지 내지 순력지로서의 면모를 갖추게 되었다. 하지만 문종이 설치한 남경은 곧 폐지되고 양주로 환원되었다. 이후 남경은 숙종 때 다시 창건되었다. 1096년(숙종 원년) 8월 음양가인 위위승동정衛尉丞同正 김위제金謂磾가 《도선비기道詵秘記》에 의거하여 남경의 창건을 건의하였으나, 받아들여진 것은 1099년(숙종 4) 9월이었다. 이어 1101년(숙종 6) 9월에는 남경개창도감을 설치하고 평장사 최사추崔思諏, 어사대부 임의任懿, 지수사 윤관尹瓘, 일관 문상

文象 등에게 명해 도읍지를 관찰하도록 했다. 같은 해 10월에 그들이 돌아와 "노원역, 해촌, 용산은 산수가 도읍건설에 맞지 않고, 오직 삼각산 면악面岳(지금의 북악산)의 남쪽이 옛글에 부합하다"며 형세를 따라 도읍 건설하기를 요청하자 남경창건을 종묘, 사직, 산천에 고하였다. 1102년(숙종 7) 3월에는 중서문하의 건의를 수용해 산수형세를 따라 동으로는 대봉大峯, 남으로 사리沙里, 서쪽으로 기봉岐峯, 북으로 면악에 이르는 지역으로 남경의 경계를 삼았다. 마침내 1104년(숙종 9) 5월 남경 궁궐이 완공되었다.

그 후 1308년(충렬왕 34)에는 남경을 한양부로 격하시켰으나, 1356~1360년(공민왕 5~9)에는 다시 한양부를 남경으로 승격하고 천도하기 위해 궁궐 조성을 추진하였으나, 개성 주민들의 반대로 중지하였다. 이처럼 고려시대에도 지금의 서울지역은 계속해서 새로운 도읍지, 혹은 여러 도읍지 가운데 하나로서 중시되었으며, 실제로 1382년(우왕 8)에는 잠시 한양으로 천도한 일도 있었다.

양주의 관부는 전곶평箭串坪 내지 뚝섬 일대에 위치했던 것으로 보이는 반면, 남경의 관부 위치는 정확히 알 수 없다. 다만 도성의 북쪽이 면악이고 고봉을 거쳐 남경에 진입했으므로 면악, 즉 지금의 북악산 기슭에 위치했을 가능성이 크다. 남경의 궁궐은 문종 때 처음 창건되었는데, 이 궁궐의 위치는 잘 알 수 없지만 숙종 때 궁궐의 위치와 비슷했을 것이다. 숙종 때 남경 궁궐은 면악의 남쪽, 즉 지금의 경복궁 신무문 밖의 북쪽 일대(지금의 청와대가 자리한 지역)로 추정된다. 궁궐이 있었으니 그것을 보호하는 궁성이 축조되었을 것이다. 개경과 서경의 대궐은 궁성과 그 외곽의 황성으로 둘러싸였는데, 남경 궁궐 내지 대궐에 황성이 있었는지는 알 길이 없다. 숙종 이래 남경 궁궐의 구조는 숙종·예종·인종·의종의 남경행차 때 일정을 통해 어느 정도 유추할 수 있다.

남경 궁궐에서 행사의 주된 공간은 연흥전延興殿이었는데 여기에서 국왕과 신하의 조하가 행해지고 불교법회(특히 반야도량)와 연회가 개최되었으니 이는 연흥전이 정전이었음을 알려준다. 국왕이 일상적으로 정무를 보는 편전이 무엇이었는지는 잘 확인되지 않는다. 천수전天授殿은 국왕이 이곳에서 연회를 베푼 데에 등장한다. 이것만 가지고 그것이 어떤 건물이었는지 단정하기는 어렵지만 명칭의 의미로 보아 정전 혹은 편전으로서 태조의 연호 '천수天授'를 계승한 것으로 보인다. 연흥전이 제1정전, 천수전이 제2정전이었을 가능성도 있다. 내전은 물론 유희용 대사臺榭·원유園囿도 마련되어 있었다. 북녕문北寧門과 남명문南明門은 차례대로 궁궐의 북문과 남문인데 무예시범과 관람의 장소로 이용되었고, 특히 남명문은 노약자, 효자 등에게 연회를 베푸는 장소로 이용되었다. 남명문에서 격구를 관람한 일은 그 남쪽에 구정毬庭이 있었을 개연성을 제기하며, 만약 그렇다면 남명문은 정전의 정문일 가능성도 있지만, 궁궐의 정문인지 정전의 정문인지 분명하지 않은 점이 있다.

그 밖에 남경에는 인왕사, 인수사, 장의사, 향림사, 청량사, 남천사, 승가굴, 문수굴과 같은 불교사원들이 있었고 유교기관들도 있었다.

② 파주 혜음원지

혜음령은 파주坡州와 고양高陽 사이를 남북으로 갈라 경계를 이루는 산줄기 중 비교적 고도가 낮아 이 두 지역을 동서로 연결하는 대표적인 통로이다. 혜음령은 개경에서 남경으로 가는 길목에 위치하고 있어서 사람의 왕래가 빈번했던 지역이었으나 교통량에 비하여 교통로의 안전이 충분히 확보되지 못하였던 것이 혜음원을 창건하는 1차적 배경이 되었다.

《동문선》에 수록된 〈혜음사신창기惠陰寺新創記〉는 혜음원의 창건배경과 그 과정, 창건과 운영의 주체, 왕실과의 관계 등을 기록하고 있다. 이에 의하면 혜음원은 남경과 개성 간을 통행하는 관료 및 백성의 안전과 편의를 위하여 1122년(예종 17)에 건립된 관립의 숙박시설이며 국왕의 행차에 대비하여 별원別院도 축조되었다고 전한다.

고려 및 조선시대에 중요한 교통로로 이용되었던 혜음령이라는 명칭의 유래에서 그 위치가 추정되어 오다가, 1999년 주민의 제보에 의해 행해진 조사에서 '혜음원惠蔭院'이라고 새겨진 암막새 기와가 수습됨에 따라 현재의 위치를 확인하게 되었으며, 이

파주 혜음원지 발굴 모습

로부터 2004년까지 지속적으로 발굴조사가 실시되었다. 전체 경역은 원지, 행궁지, 사지로 구성되었을 것으로 생각되고 있다.

현재까지의 발굴조사 결과, 동서 약 104m, 남북 약 106m에 걸쳐 9개의 축단으로 이루어진 경사지에 27개의 건물지를 비롯하여 연못지, 배수로 등의 유구와 금동여래상, 기와류, 자기류, 토기류 등의 많은 유물이 확인되었다.

〈혜음사신창기〉에 의하면 혜음원지는 원이 축조된 후 나중에 다시 별원(행궁)이 건립되었다. 이 기록에 의하면 혜음원은 1122년(예종 17) 2월에 공사가 마무리 되었으며 별원이 완성된 것은 그 해 2월부터 4월 사이로 보인다. 이후 인종이 '혜음사'란 이름을 하사

3-4 건물지 난방시설

하였다.

별원지는 아직 분명하지 않지만 건물의 축선으로 보아, 동측에 남북으로 나란히 위치한 1-2 건물지부터 7-2 건물지 전면까지로 추정된다. 그 중 1-2건물이 정전에 해당된 것으로 보이는데, 모두 3동의 건물이 동서방향에 나란히 배치되어 있다. 중앙에 정면 3칸 × 측면 3칸의 건물이 있고, 동쪽과 서쪽에 각각 정면 2칸 × 측면 3칸 규모의 건물이 배치된 것으로 보인다. 나머지 건물은 그 부속 건물로 추정된다.

3-4건물지는 남북으로 약 40m 정도 장축을 이루는 건물지이다. 마치 회랑과 같지만 건물지 내부에 난방시설이 출토되고 있어 회랑으로 보기 어렵다. 중앙부 4칸은 출입문으로 추정되며 이

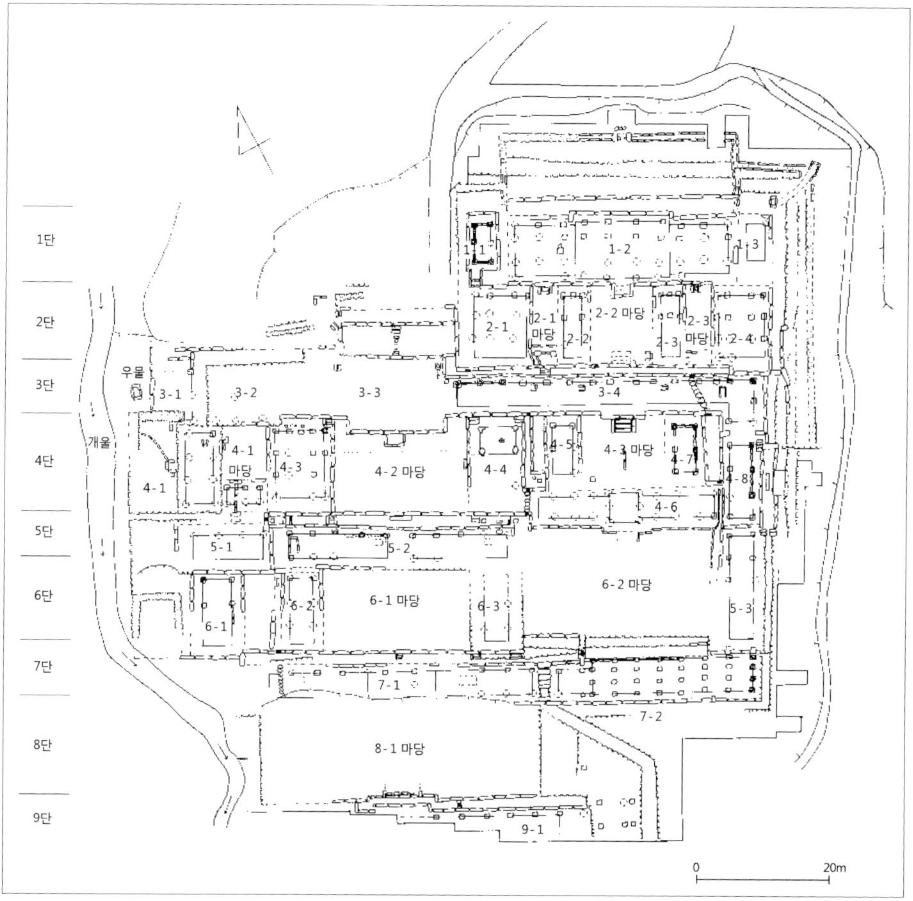
1단
2단
3단
4단
5단
6단
7단
8단
9단
개울
우물
1-1
1-2
1-3
2-1
2-1 마당
2-2
2-2 마당
2-3
2-3 마당
2-4
3-1
3-2
3-3
3-4
4-1
4-1 마당
4-2 마당
4-3
4-3 마당
4-4
4-5
4-6
4-7
4-8
5-1
5-2
5-3
6-1
6-1 마당
6-2
6-2 마당
6-3
7-1
7-2
8-1 마당
9-1
0
20m

헤음원지 발굴 평면도

를 중심으로 좌우로 난방 시설을 갖춘 방이 배치되어 있었다. 난방시설은 북동쪽으로 치우쳐 출토되었는데 一자형으로 2칸에 하나씩 출토되었다. 2칸이 하나의 방으로 구획되었던 것으로 추정된다. 남쪽이 북쪽에 비하여 1칸이 적은데 이 곳은 공간이 부족하여 전면으로 ㄱ자로 꺾어 부족한 1칸을 보충하였다.

혜음원지에서 행궁지는 짐작이 가능하지만 나머지 원지와 법당 · 승방지가 어디인지는 명확하지 않다. 원지를 구성하고 있는 건물지들은 4차 발굴 조사에 이르러 대부분의 구조 및 배치 상황이 노출되었다. 3-2, 3-3건물은 원지에서 가장 중심이 되지만 유구가 거의 남지 않았다. 4단의 건물지 마당에는 전이나 청석이 깔려져 있었던 것으로 보아 특수한 구역이었을 가능성이 높다. 5단과 7단의 건물지는 3동의 건물지가 좌우로 나란히 있는데, 모두 난방시설이 발굴되었다. 모두 3-4 건물지와 형태와 기능이 유사하다.

③ 양주 회암사지

양주 회암사는 경기도 양주군 회천읍 회암리 산14-1번지 일대에 위치해 있다. 회암사는《동국여지승람東國輿地勝覽》제2권에 의하면 늦어도 12세기 후반 이전에 창건되었던 것으로 보인다. 그러나 현재와 같이 만여 평에 이를 정도로 사역의 규모가 크게 확장된 것은 고려 말의 승려 나옹(懶翁, 1320~1376)의 중창에서 비롯되었다. 당시 중창되었던 회암사의 모습은 목은牧隱 이색(李穡,

1328~1396)의 〈천보산회암사수조기天寶山檜巖寺修造記〉에 비교적 자세히 묘사되어 있는데, 건물은 모두 262칸이고, 높이가 15척이나 되는 부처 7구 외에도 10척 높이의 관음상이 있었다고 한다. 고려 공양왕 이후 회암사와 왕실이 맺은 특별한 관계는 조선시대에 들어와서도 지속되어 1472년(성종 3)에는 세조비인 정희왕후에 의해 회암사 중창이 재차 이루어졌다. 이때의 중창은 13개월이 소요되었는데 건물의 외형만 다듬은 돌로 바꾸었을 뿐, 전각제도는 크게 고치지 않아 고려말 회암사의 모습은 어느 정도 유지되었을 것으로 보인다. 현재는 사적 128호로 지정되어 있으며 각종 석조물들이 보물 및 유형문화재로 지정 보호되고 있다.

회암사지의 배치는, 남북방향으로 형성된 계곡을 따라 여러 개의 단을 조성한 층급형 구성을 갖는다. 이는 앞의 혜음원지나 춘천의 청평사지와 같은 고려시대에 유행하였던 배치형식이다. 개경의 고려 궁궐터에서도 역시 같은 배치 형식이 보인다. 5단지 이상의 북쪽 지역은 불전, 법당, 방장, 승당 등으로 구성된 승려들의 수행과 생활을 위한 영역으로 생각되고, 그 아래의 1단지에서 4단지까지 하단 지역은 창고나 사무 영역, 신도들이 사용하는 시설 등이 들어섰을 것으로 보인다.

회암사지 내의 여러 건물지에서 온돌 시설이 발견되어 일찍부터 주목을 끌었다. 게다가 여기서는 고대의 유적과 달리 건물 전체에 구들이 깔린 완전한 온돌 유적이 발견됨으로써 우리나라에서 온

양주 회암사지 전경(위), 회암사 서방장지의 온돌 유구(아래)

돌이 언제부터 시작되었는지를 가리는데 중요한 증거가 된다. 그 대표적인 건물이 최상단에 위치한 서방장지이다. 동서 방향의 정면 3칸, 측면 2칸의 장방형 건물지 서쪽에 정면 2칸, 측면 1칸의 부속시설이 붙은 형태이다. 서방장의 큰 건물지는 건물 전체에 구들이 깔려있는 완전한 온돌방의 사례가 뚜렷하게 보이고, 서측의 부속시설은 아궁이가 있는 부엌칸으로 보인다. 굴뚝은 후면의 기단 바깥에 있다. 그러나 이 유구는 초창기의 것으로 보기는 어렵고, 빨라도 고려말 나옹에 의한 중창 이후의 것으로 보인다.

한편, 중심 불전인 보광전지의 서쪽 위치한 서승당지에서는 특이한 형태의 구들이 발견되었다. 32.6m×14.2m의 대형건물지에 좌우로 ㅌ자 형태의 구들이 대칭으로 깔려있다. 고래둑 부분만 바닥면에서 5cm 가량 높여 침상寢牀 형태의 구들을 설치하였으며, 아궁이는 위아래에 각각 하나씩 있다. 우리나라에서 이러한 구조의 구들 시설이 확인된 예는 경남 하동의 칠불사 아자방亞字房에서 확인된 것이 유일하다. 그러나 아자방 구들시설은 해방 이후 보수공사를 시행하면서 원형이 훼손된 것으로 알려져 있어, 서승당지에서 아자방 형태의 구들 시설이 확인된 것은 중요한 의미를 갖는다. 이와 같은 독특한 온돌의 형태는 스님들이 참선을 하는 선방의 기능에 적합한 것으로 생각되며, 앞서 언급한 서방장의 온돌보다 오래된 형식으로서, 쪽구들을 사용한 부분 온돌에서 전면 온돌로 넘어가는 과도기적 성격의 것으로 볼 수 있다.

회암사 서승방지의 발굴 모습

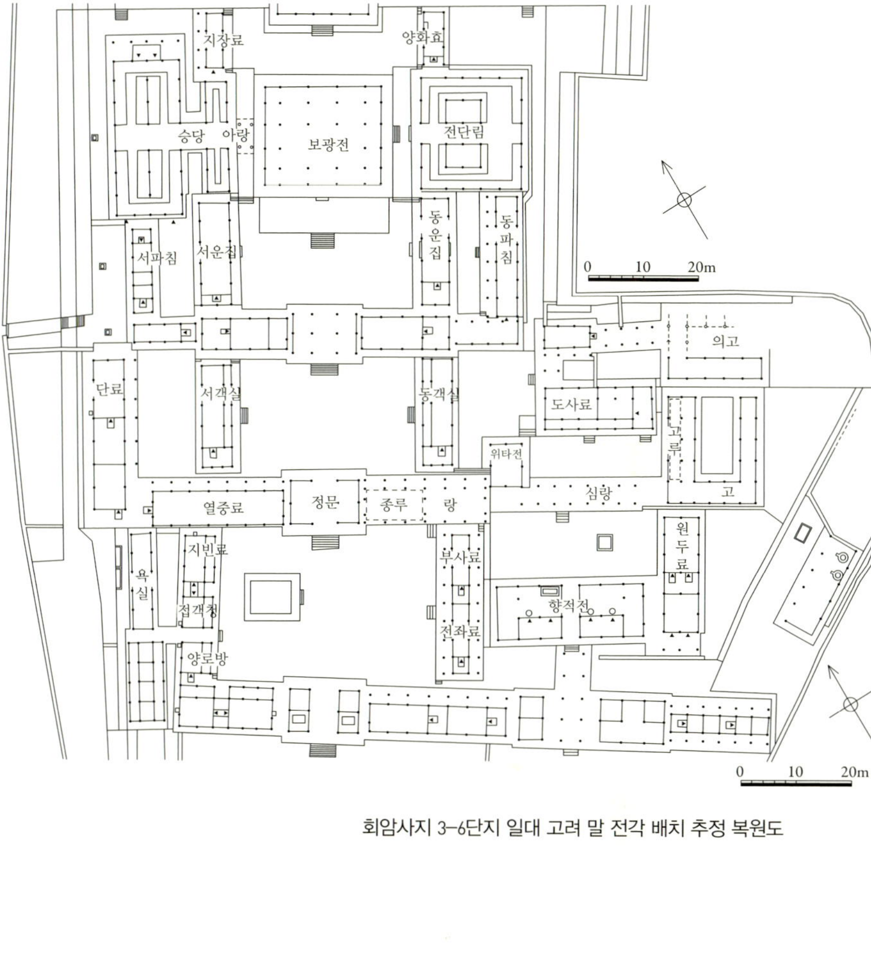

회암사지 3-6단지 일대 고려 말 전각 배치 추정 복원도

제 2 장

조선 유교사회의 성립과 전통 한옥의 완성

1. 조선 유교사회와 한옥의 구성
2. 전통 한옥의 완성

1

조선 유교사회와 한옥의 구성

1) 성리학적 질서와 주택의 구성

고려 중기에 온돌이 발명되고, 그것이 이후 여러 세기에 걸쳐 한반도의 전 지역에 보급되면서 한국의 주택은 이전 시기와 다른 독특한 평면 형식을 갖게 되었다. 하지만 이 시기의 주택 가운데 현재까지 전해지는 것은 거의 드물고, 현재 우리가 볼 수 있는 전통 한옥은 모두 조선시대의 것이다.

조선왕조는 1392년 고려의 장군이었던 이성계가 당시 새롭게 등장한 성리학자들과 연합하여 세운 국가이다. 따라서 조선왕조는 개국 초부터 국가의 통치이념으로 성리학을 내세웠다. 성리학은 남송의 유학자들이 정리한 유학의 새로운 분파이다. 기원전 6세기 공자의 가르침으로 시작한 유학은 이후 한대漢代와 당대唐代를 거쳐서 많은 변화가 있었고, 특히 남송南宋의 성리학性理學 혹은 주자학朱子學은 그간 중국에 전래된 불교의 전통을 흡수하여 보다 통일적인 세계관과 인식론을 발전시켰다.

조선왕조가 시작되었다고 하루아침에 성리학이 모든 계층의 이념으로 받아들여진 것은 아니지만, 15세기와 16세기를 거치면서 성리학적 질서는 향촌의 구석구석까지 침투하였다. 일반인의 생활에 끼친 가장 큰 영향은 주자가 정리한 《주자가례朱子家禮》의 내용이었다. 주자가례는 주자가 성리학적인 이념에 기초하여 가정에서 지켜야 하는 예에 대하여 서술한 것인데, 관혼상제의 세세한 통과의례 절차는 물론, 가정생활과 사회생활의 모든 부분에 대한 윤리 규정을 갖추고 있다. 가령 가정에서 행해지는 의례의 절차는 물론 부모와 자식, 남자와 여자. 노인과 아동은 각각 어떠한 행동 규범을 가져야 하는지에 대한 내용 들이 포함되어 있다.

이와 같은 주자가례의 내용은 한국의 주택에 많은 영향을 미쳤으며, 심지어 오늘날까지도 한국 사회에 적지 않은 영향력을 가지고 있다. 주자가례가 처음 전래된 것은 고려말의 일이지만, 처음에는 일부의 학자들 사이에서만 받아들여지고 소신왕조가 들어선 이후 오랜 시간에 걸쳐 상류층에서 시작하여 점차 민간으로 퍼져 나갔다.

이와 동시에 조선시대에는 농업의 경영에도 이전 시기와 큰 차이를 보인다. 고려말까지는 해를 걸러 농경지를 쉬게 하는 휴경법休耕法, 작물을 바꿔가며 짓는 윤작법輪作法이 일반적인 농사법으로 사용되었다. 그러나 중국 강남지역의 논농사법[水田農法]이 고려말에 전파되고, 점차 확산되어 조선후기가 되면 한반도 전역에서 이와 같은 논농사가 행해지게 되었다. 또한 조선전기에는 퇴비를 이용하거나 땅을 깊이 갈아 지력을 회복하는 선진의 농법이 함께 소개되었다. 이를 통하여 매년 같은 장소에서 작물을 재배하는 연작連作이 가능해지고, 토지의 이용 밀도도 훨씬 더 높아지게 되었다.

이와 같은 상황에서 조선사회의 주류가 된 양반 사대부들은 향촌에 위치한 토지를 경제적인 재원으로 삼는 지주이자, 성리학적인 예의를 실천하는 학자군으로 성장하였다. 이들 남성 사대부는 조상의 제사를 성심껏 모시고, 동류의 손님들을 극진하게 대접하는 일을 가장 중요한 일로 여겼으며, 그 외 대부분의 시간에는 독서를 하고 농사 등의 가사를 감독하는 등의 일에 종사하였다. 이들에게 가정 내에서 활동할 수 있는 독립적인 장소를 마련해주기 위하여 주택이 '안채'와 '사랑채'로 분화되었다. 사랑채는 대개 주택의 본채 전면에 위치하며, 본채와는 툇마루로 연결되기도 하고 별도로 지어지기도 한다. 하지만 동선은 연결되더라도 시선은 차폐되어 안채에서 사랑채를 내다보거나 사랑채에서 안채를 들여다보지 못하게 하였다. 이것은 사랑채가 주로 성인의 남성들이 사용하고 또 가족이 아닌 다른 사람들이 빈번하게 출입하는 장소인데 반하여, 안채는 여성과 가족들이 생활하는 공간이기 때문이다.

남성과 여성의 성 역할을 뚜렷하게 구분하는 것 역시 주자가례의 영향이다. 주자가례에서는 성인 남성에게 가부장家父長의 지위를 주고, 남성은 남성으로서의 역할이 있고 여성은 여성으로서의 역할이 있다는 성차별적 내용이 포함되어 있는데, 이는 주택에서 그대로 반영되어 나타난다. 그래서 남성들의 작업장으로 꾸며진 사랑채에는 대개 부엌이 붙어있지 않고, 온돌방과 마루로만 구성되었다. 특히 마루방은 여러 사람들이 모여서 공적인 활동을 하기 유리하였기 때문에 다양한 형식의 마루방이 발달하게 되었다.

상류층의 주택에서 '사당祠堂'이 별도로 지어지는 것도 조선시대의 일이다. 사당은 조상의 위패를 봉안하는 곳으로, 집주인으로부터 4대 할아버지까지의 위패를 모신다. 즉, 조상은 죽은 이후에도 4대까지 한 집안에 같이 사는 사람으로 간주되어, 성실한 학사라면 매일 아침 사당에 가서 조상들에게 인사를 드리는 것으로 하루의 일과를 시작하였다. 사당은 대개 본채의 뒷면에 위치하며 별도의 담장과 문으로 주택과 분리되어 있다. 사당을 따로 지을 형편이 되지 않았던 사람들은 사랑채나 안채의 대청에 별도의 벽장을 마련하여 그곳에 조상의 신위를 모셨다. 매년 그 조상이 돌아가신 날이나 명절이 되면, 사당이나 벽장에 있는 위패를 꺼내서 대청 북벽北壁에 모셔두고 그 앞에 음식을 진열하여 조상의 혼령에게 술과 음식을 대접하고 후손들 모두가 인사함으로써 조상의 은혜에 감사의 뜻을 표하였다.

사랑채가 떨어져 나감으로써, 주택의 본채는 집안의 식구들, 특히 여성들이 주로 활동하는 공간의 성격이 강해지고 안채라 불렸다. 안채에서 집 바깥으로 나가기 위해서는 사랑채 옆을 지나가야 했으므로, 여성의 출입은 남성에 의해 감시를 받는 상황이 되었다. 여성들은 함부로 집밖에 나갈 수 없었고, 상류층 여성들은 옷으로 얼굴을 가리고야 바깥으로 출입을 할 수 있게 되었다.

안채는 집안의 으뜸 여성이 거주하는 안방과 가족들의 생활 중심인 안채의 대청마루, 그리고 가사노동의 작업공간인 부엌과 안마당이 중심을 이루게 된다. 이외에 안방과 대청 건너편에 있는 건넌방은 대개 할머니나 미혼의 여자 아이가 사용하고, 남자 아이들의 침실은 사랑채나 사랑채와 가까운 안채의 방을 이용하였다.

지주였던 상류층의 주택에는 많은 하인과 노비의 거처도 함께 있었다. 이들 역시 성별에 따라 안채의 일을 주로 담당하는 여성과 바깥일을 주로 하는 남성으로 나뉘어 거처가 마련되었다. 대문에 부속한 행랑채에는 남자 하인들의 거처가 마련되고, 안채와 가까운 안행랑 혹은 안채의 구석방들이 여자 하인들의 거처가 되었다.

주택의 전면이 대문과 행랑채로 막아섰다면, 안채의 뒤에 있는 뒷마당은 부엌에서 바로 연결되는 내밀한 공간이 된다. 저장음식을 보관하는 항아리들이 늘어선 장독대를 두고 식수를 공급하고 빨래 등의 작업을 할 수 있는 우물이 위치하기도 하며, 작은 화단이 설치되어 완상의 공간이 되기도 한다. 행랑채 앞의 마당 혹은 사랑채 앞에 위치한 마당이 보다 공개적인 장소이면서 농사 작업을 할 수 있는 작업 마당이 되는 것과 다른 점이다. 이처럼 남성과 여성의 성적 구분은 주택을 전면과 후면으로 나누며, 남성=공공 활동, 여성=가족 활동의 구심을 이루게 하였다.

2) 주거의 공간 요소와 한옥의 건축 형식

우리는 흔히 나무로 뼈대를 세우고 기와나 초가의 지붕을 얹은 집들을 한옥이라고 부른다. 한옥은 우리의 고유한 형식의 주택 혹은 건축 일반을 가리키지만, 우리가 떠올리는 그런 모습의 한옥이 완성된 것은 그리 오래된 것은 아니다. 크게 보면 조선시대, 좁게 보면 조선후기가 되어서야 비로소 우리가 지금 알고 있는 것과 같은 모습의 한옥이 우리나라의 전 지역, 전 계층의 사람들에게 사용된다. 그러므로 한옥은 한민족의 주택형식이라기보다는 조선시대의 주택형식이라고 보는 것이 더욱 정확하다.

앞서 살펴본 바와 같이, 신석기시대에 농경을 하게 되면서 사람들은 한 곳에 머물러 사는 정주定住생활을 시작하였고, 이후 주택은 인간의 정주를 위한 필수적인 공간으로서 인류의 역사와 함께 해왔다. 그러나 한반도의 주택이 처음부터 완전한 한옥의 모습을 갖추었던 것은 아니고, 시간이 지나면서 시대적 조건의 변화에 영향을 받으며 형성된다. 즉, 우리가 현재 전통 주택형식이라고 생각하고 있는 한옥은 조선시대에 만들어지고 널리 사용된 특징적인 주택형식으로서 조선시대의 사회와 경제, 기술과 문화적 배경 속에서 이해되어야 한다. 이 점은 겉보기에는 비슷하여도 주택의 내부 설비가 다르고 생활양식이 다른 현대의 한옥이 조선시대의 한옥과 다른 것과 마찬가지이다.

그러고 보면, 한옥韓屋이라는 말은 개항 이후 새롭게 들어온 외래의 것과 원래 기존에 있던 재래의 것을 구분 짓기 위해 19세기 말에 만들어진 근대어다. 한복과 양복, 한식과 양식의 관계와 마찬가지로, 한옥도 양옥洋屋과 상대적인 개념으로 만들어졌다. 따라서 한옥은 처음에 주택뿐만 아니라 일반 건물 모두를 지칭하는 것으로 사용되었는데, 점차 의미가 축소되어 이제는 주로 주택을 대상으로 부르는 말이 되었다. 대신, 한옥이 지어진 시대에 따라 전통한옥, 근대한옥, 개량한옥, 도시형한옥, 현대한옥 등 다양한 이름으로 부르게 된다.

한편, 주거는 주택이라고 하는 물리적 개념을 넘어서 사람이 한 장소에 머물러 생활하는 모든 생활 행태와 관습까지를 포함하는 개념으로 사용된다. 즉 주택보다는 주거가 좀 더 큰 개념이고, 문화적인 의미가 강하게 담겨 있다. 그러므로 주택의 형식은 시대에 따라 빠르게 변화하였지만, 주거의 문화는 좀 더 완만한 변화 과정을 밟는다. 우리가 조선시대의 한옥에서 볼 수 있는 주거 문화의 원형을 현재의 아파트 주택에서도 찾을 수 있는 것처럼, 조선시대의 주택은 현대의 주택과 비록 형식은 다르지만 주거문화의 유전자와는 공통적인 부분이 있다. 가령 마루가 주거생활의 중심을 이루는 것, 바닥난방 방식을 사용하는 것 등은 조선시대나 지금이나 한국인의 주거에서 공통적으로 볼 수 있는 부분이다.

이러한 점 때문에 우리가 조선시대의 한옥을 살펴볼 때, 조선시대의 주택이 어떠했다는 주택 형식의 역사적 실체를 찾는 것뿐 아니라 우리 민족의 주거 문화에 대한 전반적인 특성을 함께 살펴 볼 필요가 있다. 또한, 조선시대의 한옥은 실물 유적이 부족하고 특히 근대화가 급격하게 진행된 서울 지역에서는 더더욱 그 사례가 적기 때문에, 주택 실물뿐만 아니라 그림이나 문헌 등 주거문화를 간접적으로 살필 수 있는 이차 자료에 대한 공부도 병행되어야 한다.

모든 주거 공간은 삶의 세 가지 요소인 생활, 생산, 재생산을 위한 공간을 갖는다. 주거공간의 무대는 작게는 주택으로 완성되지만, 범위를 키우면, 집을 포함한 동네나 마을, 그리고 도시로까지 확장된다. 그러나 각각의 공간이 어떠한 모양으로 만들어지는가, 그리고 그렇게 만들어진 개별 공간들이 서로 어떻게 연결되는가는 시기와 지역에 따라 다양한 차이를 갖게 되고, 이 때문에 각 시기와 지역에 따라 주택의 형식이 달라진다. 조선시대의 한옥을 기준으로 보자면, 생활을 위한 사적 공간으로는 온돌방이 있고, 생산을 위한 지원공간으로는 부뚜막이 있는 부엌이 대표적인 실내공간이며, 가족의 공동체 생활과 휴식을 위한 재생산 공간은 마루로 대표된다. 집을 둘러싼 마당은 필요에 따라 실내에서의 활동이 실외로 확장되어 사용되는 복합적 성격의 공간이다.

한옥이 조선시대에 형성된 주택형식이라고 말하는 것은, 우선 온돌이 만들어진 것은 고려 중엽 이후의 일이지만, 그것이 전국의 전 계층의 주택에 보급된 것은 조선 중기의 일이기 때문이다. 실제로 유적과 문헌, 그리고 그림과 토기 등의 간접 자료에서 그 흔적을 추적해 보아도 조선시대 이전에 온전한 한옥의 모습을 찾기는 어렵다. 온돌의 원형에 해당하는 부분온돌은 이미 선사시대에도 움집의 유적에서 사례를 찾을 수 있을 뿐만 아니라, 현재에도 중국의 동북부 지역에서 광범위하게 사용되고 있다. 하지만 한옥에서처럼 방 전체에 구들이 깔린 온돌은 한반도의 주택

한옥의 공간 요소와 결합유형

공간요소의 결합 유형	A (온돌+부엌)	B (온돌+마루)	C (부엌+마루)	D (온돌+마루+부엌)
한옥의 건축형식	초가삼간	누정, 궁궐의 침전	–	완성형 한옥

에서만 볼 수 있다. 마루 역시 단지 지면에서 떨어뜨려 높이 걸쳐놓은 나무 널 바닥이라고 한다면, 지구상의 여러 지역에서 쉽게 볼 수 있다. 하지만 온돌과 같은 높이로 한 건물 안에서 방 옆에 나란히 놓이는 것은 한옥에서뿐이다. 또, 한옥의 부엌이 독특한 것은 취사와 난방을 겸하는 부뚜막이 있다는 점이다. 이처럼 한옥의 실내 공간을 이루는 대표적인 세 가지의 공간 형식인 온돌과 마루와 부엌은 모두 온돌이 만들어지고 난 다음 그 형식을 조정하여 서로 어울리는 것이 되었다.

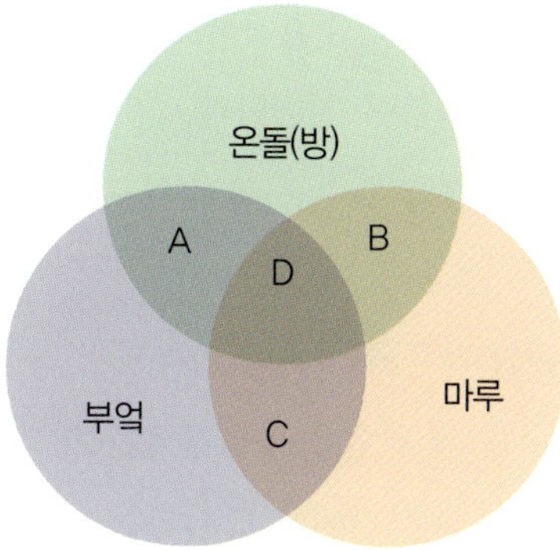

한옥의 세 가지 공간요소와 결합의 유형

위의 다이어그램은 한옥을 구성하는 세 가지의 공간 형식이 결합하는 방식을 도식적으로 표시한 것이다. 방이나 마루 혹은 부엌 하나만으로는 주택이 될 수 없다. 최소한 두 가지 이상의 요소가 모여야만 하나의 주택이 된다. 삼국시대의 주택을 고분 벽화나 발굴 유적에서 보면, 고대에는 이러한 공간요소들이 각각 별도의 건물로 지어지고 이것들이 하나의 담장 안에 모여서 주택을 이루는 형식이었음을 알 수 있다. 마치 중국의 전통 주택인 사합원과 같은 형식이다. 이처럼 별도의 건물로 구축되었던 공간요소들은 고려 중엽에 이르러 온돌이 완성되어 보급되면서 한 건물로의 결합이 일어난다. 그 결합은 온돌+부엌의 결합과 온돌+마루의 결합 두 가지의 경로로 발전하게 된다. 온돌+부엌의 결합은 생활을 위한 최소한의 주거장치로서 초가삼간 등의 가난한 사람들의 작은 주택에서 흔하게 볼 수 있는 유형이다. 다른 한편, 온돌+마루의 결합은 부엌을 별도의 건물에 두어 부엌일을 가족이 아닌 다른 사람에게 맡긴다는 것을 의미하기 때문에 하인을 둘 수 있는 상류층의 주택에서 발견할 수 있는 형식이다. 궁궐의 침전이 대표적이고 상류층의 누정이나 별당 등에서도 볼 수 있다. 이러한 과정은 고려말 조선전기에 일어난다.

2

전통 한옥의 완성

1) 조선시대 전통 한옥의 완성

방과 마루, 부엌은 집을 구성하는 세 가지의 기본적인 공간요소이다. 방은 개인적 생활을 하는 사적 공간이고, 마루는 가족의 공동생활을 위한 공적 공간이며, 부엌은 가정생활의 기본인 식생활을 가능케 해주는 필수적인 지원공간이기 때문이다. 이 세 가지의 공간요소가 한 건물 안에 모두 포함되는 것은 일정 규모 이상의 주택에서 가능한 일이고, 또 기술적으로도 서로 다른 형식

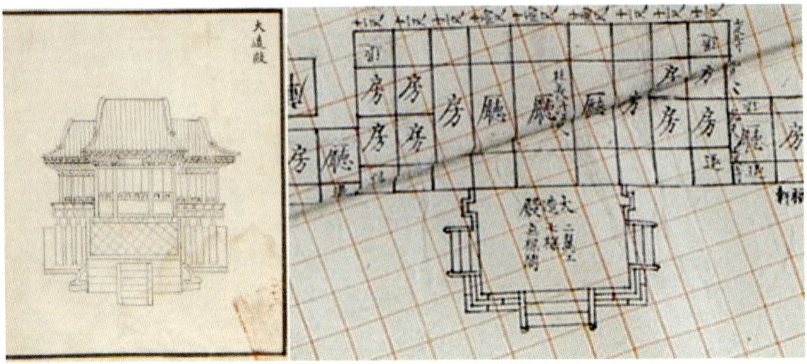

조선 후기 궁궐 내에 있는 왕과 왕비의 침전의 모습 - 방과 마루로 구성되어 있다.
《창덕궁영건도감의궤》(1833~1834)(좌), 〈동궐도형〉(1900년대 초)(우)

을 가진 것들을 이어서 짓는 것이 어려웠기 때문에 단번에 진행된 것은 아니다.

가장 먼저 그리고 쉽게 이루어진 것은 방과 마루로만 구성되는 경우이다. 남아있는 것 가운데 가장 오래된 주택 유적인 아산의 '맹씨孟氏 행단杏亶'이나 조선 초기에 지어진 많은 정자들은 모두 방과 마루로만 구성되어 있다. 또 왕이 사용하는 궁궐의 침전이나 상류층의 남성이 사용하는 사랑채의 구성 역시 방과 마루방으로만 구성된 경우가 많다. 이는 부엌을 바로 방에 연결하는 일이 쉽지 않았고, 또 부엌은 여자나 하인들의 작업 공간이었기 때문에 상류층 남성의 주택에서는 함께 두지 않고 별도로 부엌채(반빗간)를 만들어 사용하였기 때문이다.

하지만 서민들이 생활하는 주택을 기준으로 본다면, 방과 부엌

란히 늘어서서 전체 평면이 一자형으로 되지만, 그보다 규모가 커지면 ㄱ자형, ㄷ자형, ㅁ자형 등 복잡한 형태를 갖게 된다. 조선시대의 주택 가운데는 30칸 이상 60칸 정도의 집들이 상류층의 주택으로 사용되었고, 심지어 왕족의 경우에는 수백칸의 규모를 갖는 대저택도 사용하였다. 이때는 한 채로는 전체의 규모를 감당할 수 없고, 기능에 따라 여러 채의 건물로 나누어지어 진다. 가령 여성들이 주로 사용하며 가정생활의 중심을 이루는 것이 안채가 되고, 성인 남성들이 주로 사용하며 손님을 맞고 가사의 노동을 감독하는 등의 기능을 갖는 건물이 사랑채가 된다. 또 조상의 신위를 모시고 제사를 모시는 건물인 사당, 창고, 외양간, 하인들의 숙소 등이 별도의 건물로 지어지게 된다. 집의 전체 규모가 커지므로, 방과 마루, 부엌 등의 규모도 함께 커져서, 큰 마루는 6칸 내지 8칸의 규모를 갖는 것까지 생기고, 부엌과 방도 큰 것은 4칸 내지 6칸의 규모까지 커지는 등 여유로운 공간을 사용하게 된다.

전통 한옥의 완성은 온돌과 마루와 부엌을 두루 갖춘 집을 의미하는 것이고, 일반인들의 기본적인 생활 조건에 대응한 집이다. 네 칸 집이 그 최소형이며, 이때 각 공간 단위의 배열은 전형적으로 '부엌-방-마루-방'의 구성을 이룬다. 조선시대 전통 한옥이 완성되는 것은 모두 이전의 오랜 시기에 걸친 적응과 토착화의 과정을 거친 최종적인 성과물이다. 또한 두 칸이나 세 칸의 최소 규모를 이르는 주택이 시대 및 지역과 관계없이 공통된 형식

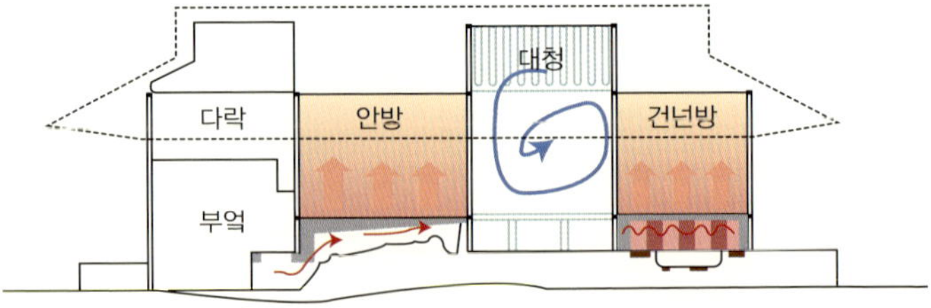

'온돌+마루+부엌'의 조합을 이루는 전통 한옥의 공간 구성 다이어그램

을 보이는 것과는 달리, 네 칸 이상의 완성된 구성을 보이는 한옥은 그 연결 방법에 따라 다양한 지역형으로 분화된다. 이러한 조합의 다양성은 지역과 함께 시대에 따른 변화로 촉발된다. 조선 후기의 여러 주택 사례를 시기 순으로 검토해 보면, 기술적인 숙련도가 높아지는 것을 바탕으로 향촌 사회의 변화에 대응한 다양한 변형 사례가 등장하는 것을 알 수 있다.

조선시대 서울의 주택이 다른 지역의 주택과 다른 것은 이 때문이다. 뒤에서 자세히 논의하겠지만, 조선시대 서울의 주택에서 문간채가 발달하고 ㄱ자형 등의 꺾음집이 많이 보이는 것은 서울의 도시적 상황과 관련이 깊다. 또 궁집 등의 최상급으로 꾸민 주택이 많은 것 역시 궁궐이 자리한 도성이었고, 높은 관직의 사람들이 많이 거주하였기 때문에 생긴 일이다.

2) 채와 마당의 분화

조선시대의 한옥은 이처럼 방과 마루와 부엌이 모여 이룬 살림채를 기본으로 하지만, 규모가 큰 집일 경우에는 학자이며 정치가인 성인 남성들을 위한 독립적 생활공간을 마련해주기 위하여 안채와 사랑채가 분리되고, 이에 더하여 필요에 따라 사당, 별당채, 행랑채, 문간채, 외양간채, 헛간채 등을 별도로 두기도 한다. 또한 담장 안에는 건물과 건물 사이에 생기는 외부 공간에 여러 마당을 두어 전체의 구성을 이룬다. 마당 역시 어느 건물 앞에 어떤 용도로 사용되느냐에 따라 사랑마당, 안마당, 행랑마당, 일마당, 뒷마당 등 다양한 이름을 갖기도 한다.

안채는 생활을 위한 가장 기본적인 건물로, 부엌과 안방, 대청, 건넌방으로 구성된다. 부엌은 취사준비를 하는 공간으로, 안방의 아랫목과 인접되어 설치된 부뚜막을 이용해서 취사작업과 난방을 동시에 하게 된다. 여름철에는 부엌 밖 마당에 솥을 건 한데부엌(한데부뚜막)을 만들어 열이 안방에 들지 않도록 하는 경우도 있다. 안방은 안주인의 일상 거처나 안주인의 손님을 맞이하는 공간으로 사용되며, 경우에 따라 가족들이 모이는 거실과도 같은 역할을 한다. 대청은 평소에는 거실과 같은 공간으로 사용되며, 제사를 지내며 상중喪中에는 상청喪廳을 마련하는 등 관혼상제를 위한 의식적 공간으로 사용된다. 건넌방은 안방과 대청을 사이에 두고 마주하고 있는데, 일반적으로 새 며느리의 취침공간인 동시에 일상 거처 공간이 된다. 이 건넌방은 안방 물림을 하게 되면 며느리의 공간에서 노모의 공간으로 바뀌게 된다. 경상도 지방에서는 이러한 건넌방을 상방이라 하고, 호남지방에서는 모방이라 하기도 한다. 안채의 앞에 형성되는 안마당은 흙바닥으로 마무리되고, 부엌 앞은 절구가 놓여 지기도 한다. 부엌일에 필요한 장독대를 안마당이나 옆마당, 또는 윗마당에 만들고, 안채의 대청에서 의례가 치러질 경우, 의식적인 공간으로 사용되기도 한다.

주로 중류주택 이상의 규모를 가진 주택에서 독립된 건물로 지어지는 사랑채는 바깥주인의 일상 거처공간으로 사용된다. 사대부주택과 같은 상류주택에서는 사랑채에 사랑방과 침방을 만들고 사랑방은 일상 거처공간으로, 침방은 취침공간으로 사용한다. 그러나 침방을 따로 두지 못한 경우에는 사랑방이 일상 거처공간인 동시에 침방의 기능으로 사용된다. 초가삼간과 같은 서민주택에서는 윗방이 사랑방 기능을 하게 된다. 도시 주택에서 많이 보이는 것처럼 ㄱ자집이나 ㄷ자집에서는 길에 가까운 곳이거나 대문간에 면한 방이 사랑방 기능을 한다. 사랑채와 안채는 독립된 채로서 각각의 지붕을 덮는 경우가 일반적이지만 때로 지붕이 서로 연결되어 지어지는 경우도 있다. 이같이 연결이 강화되는 경우는 시기적으로는 조선후기로 갈수록, 그리고 지역적으로는 도시지역에서 더 많이 보인다. 사랑채는 접객공간으로도 사용되기 때문에 사랑마당에는 석연지石連池나 물확과 같은 석물을 놓거나, 귀퉁이에 나무를 심기도 하고 한쪽에 화단花壇을 가꾸기도 한다.

상류층의 주거는 주인 가족 외에도 하인들이 함께 생활하게 되며, 하인들의 잠자리는 대문간채나 행랑채에 만들어진다. 이 부근에는 소나 말을 메어두는 외양간, 농사나 기타 작업에 사용되는 도구들을 보관하는 헛간, 곡식을 보관하는 곳간이 함께 위치한다. 그리고 그 앞의 마당은 행랑마당 혹은 일마당이 되는데, 이곳에서는 농작물을 거두는 일이나 집안에 쓸 장작을 패는 등의 작업이 이루어진다.

제 3 장

조선시대 서울의 한옥과 주거 생활

조 선 시 대
서울의 한옥과
주 거 생 활

1

서울 도시적 성격과 서울 한옥의 특성

1) 한옥의 지방 유형과 서울 한옥

온돌과 마루, 부엌을 조합한 한옥의 형식이 완성되었지만, 집의 규모가 커지면서 각 방들을 어떠한 크기로 어떻게 조합하고, 또 각 채들을 어떻게 배치하느냐에 따라 다양한 형태가 나타난다. 지역과 신분에 따른 주택의 차이가 뚜렷하게 드러나게 되는 것이다. 30칸 이상이 되는 상류층의 주택은 사실상 똑같은 주택이 하나도 없다고 해도 좋을 만큼 다 다르다고 볼 수 있다. 각 주택이 자리한 땅의 미세한 지형과 방위, 집 주인의 요구와 집짓는 장인의 기법차이가 함께 작동하기 때문이다.

하지만 소규모 주택의 단위 건물을 만드는 방식에 있어서는 크게 두세 가지의 유형으로 갈라서 볼 수 있다. 이 유형은 방과 마루, 부엌을 어떻게 연결하는가에 대한 차이에서 비롯한다. 함경도나 강원도처럼 한반도의 동북부에 있는 산악지역과 고원지역에 분포하는 집들은 방을 앞뒤로 2줄로 배열해서 보다 집중적인 구성을 갖는다. 이 경우 각 방은 집 앞이나 뒤, 옆 어느 한쪽으로만 문이나 창을 낼 수 있다. 환경적으로는 불리한 구성이지만, 찬바람을 막는데 유리하다. 이렇게 단위 공간을 2줄로 배열하면, 집의 앞뒤 폭이 커지게 되며, 자연스럽게 지붕의 폭이 커지고 무게가 무거워진다. 이 때문에 이들 2줄 배열(double-layered)의 집들은 지붕의 무게를 줄이기 위하여 다양한 노력을 해왔다. 가장 많이 쓰이는 방법이 지붕 재료로 기와를 사용하지 않고, 산림지대에서 쉽게 구할 수 있는 나무껍질이나 나무 널을 사용하는 방식이다.

이들 2줄 배열의 집이 주로 산간지역에 분포하는 것은 주민들의 생산 활동과도 연결이 된다. 산간지역의 주민들은 너른 들판이 없어서, 벼농사보다는 잡곡의 농사나 약초의 채집, 사냥 등을 주 생산 활동으로 삼았기 때문에 공동의 노동이 필요하지 않았다. 따라서 많은 집들이 모여서 군집을 이루는 마을을 만들지 않고, 몇 개의 집들이 서로 떨어져서 생활을 하였다. 이 때문에 산간

2줄 배열의 너와집(강원도 삼척 신리)

지역의 주택들은 주변에 대하여 훨씬 더 방어적인 구성을 갖게 되었다. 가령 한반도 중남부의 주택들에서처럼 외양간을 마당에 따로 짓지 않고, 집 안에 외양간을 함께 만들기도 하였다. 방들이 2줄로 있고 그 앞에 외양간이 붙으면 3줄의 구성을 갖게 되니 집은 좀 더 뚱뚱해져서 거의 정사각형에 가까운 평면을 갖기도 한다. 이와 같은 집중형 주택은 한반도보다는 일본에 있는 전통 주택들과 더 가까운 모습을 띠게 된다.

한국 전통 주택의 주류를 이루는 한 줄 배열의 집들도 지역별로 조금씩 차이를 갖는다. 즉 한반도의 서북부와 중부, 남부의 주택들이 모두 조금씩 다르다. 평안도와 같은 한반도의 서북부 지

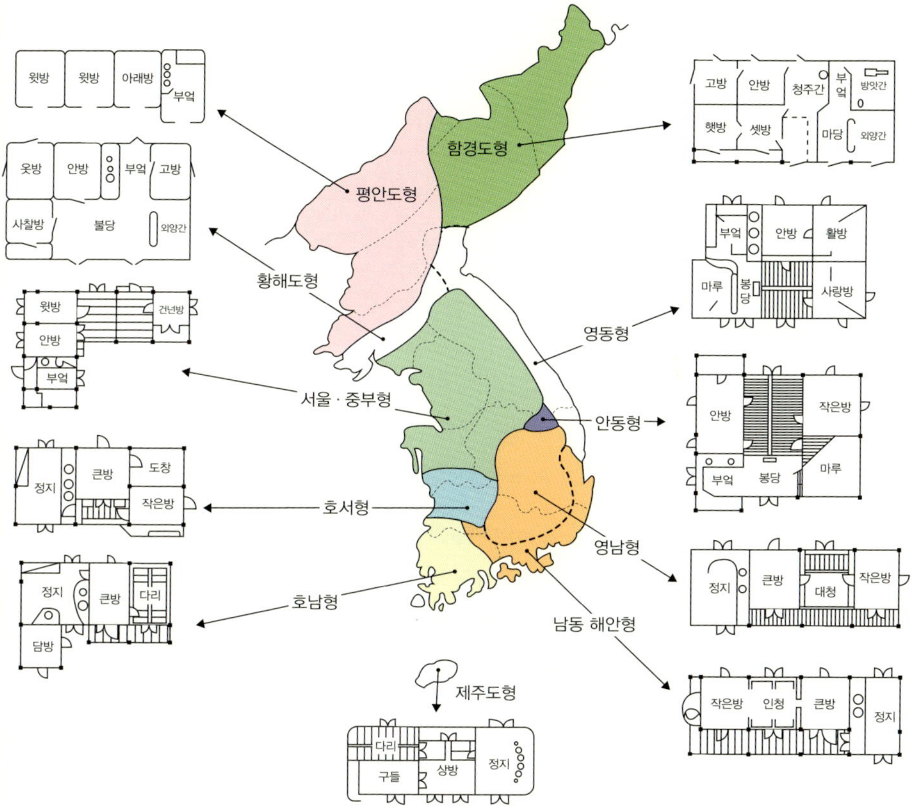

출처: 전봉희 · 권용찬, 〈한옥과 한국주택의 역사〉, 2012

역은 날씨는 춥지만 평야지대가 발달해있고, 중국과의 교통로 상에 있다. 이 지역의 주택들은 단위의 채는 방들이 일자로 늘어선 一자집을 기본으로 하고, 그 건물들이 안마당을 사이에 두고 남북으로 나란히 배치된 二자형의 구성을 갖는 경우가 많다. 이렇게 마당을 사이에 두고 독립적인 건물을 두는 것은 중국의 주택과 유사한 배치 방식이다.

한편, 서울을 중심으로 하는 중부 지역에서는 집의 규모가 커짐에 따라 한 줄로 이어지는 단위 공간들이 ㄱ자, ㄷ자, ㅁ자 등으로 꺾이어 나가는 꺾음집들이 발달하였다. 아마도 가장 큰 이유는 도시가 발달하고 인구가 밀집하여 토지가 부족하였기 때문에 대지를 보다 효율적으로 이용하기 위해서라고 생각된다. 즉 一자형으로 생긴 각 건물들을 마당 둘레로 늘어세우는 것보다 꺾음집을 짓고, 그것이 바로 이웃집이나 도로에 면하게 배치함으로써 훨씬 밀집된 주거지를 만들 수 있었을 것이다.

조선시대 510여 년간 수도였던 서울은 18km에 달하는 성벽으로 둘러싸인 성벽도시이다. 성안의 면적이 약 16km²이며, 성안에는 여러 개의 궁궐과 국가 시설들이 자리하고, 또 성벽 가까이는 경사지로서 사용할 수 없었다. 조선시대 서울의 인구는 조선 전기에 10만 명, 조선 후기에 20만 명 정도로 추정되며, 이미 조선 전기에도 성안에는 집지을 땅이 부족하였다. 이와 같이 제약된 토지

안에서 많은 사람들이 모여살기 위해선 중정을 중심으로 사방으로 건물이 에워싸는 중정형 주택이 발전하는 것이 자연스럽다.

한반도의 남부 지역에 보편적으로 분포하는 방식은 방과 마루, 부엌들을 모두 한 줄로 나란히 연결하는 방식이다. 이렇게 하면 각 방들은 옆으로는 다른 공간이 붙어있지만, 앞뒤로는 바로 외기에 면하게 된다. 앞으로는 집의 안마당에 면하여 문을 내고, 뒤쪽으로는 뒷마당에 면하여 창을 내어, 앞뒤로 창문을 열어놓으면 햇볕이 잘 들고 바람이 잘 통하여 쾌적한 공간을 만들 수 있다. 한반도의 중남부의 온화한 기후조건에 맞는 방식이다. 이 一자형 건물들은 기능별로 여러 채가 들어서고, 각각의 건물들은 마당을 갖는 분산형 배치를 갖는다. 즉, 안채에는 안마당, 사랑채에는 사랑마당, 행랑채에는 행랑마당이 형성되어 있고, 집 둘레에는 담장이 둘러싸고 있다. 남부지방에서도 해안지방과 평야지대, 그리고 섬 지역 등에 따라 조금씩 차이를 보인다.

특히 한반도 남쪽에 위치한 제주도 지방은 육지의 집들과 전혀 다른 모습으로 보인다. 가장 큰 차이는 제주도에 많은 화산돌을 이용하여 담장과 벽을 구성하는 것이고, 태풍의 영향을 직접적으로 받기 때문에 지붕은 낮게 하고 새끼줄로 초가지붕을 묶어 둔 것도 특징이다. 전체적으로 온화한 기후 덕분에 온돌이 육지처럼 적극적으로 사용되지 않아서, 솥걸이와 온돌 아궁이가 떨어져 있다. 집은 대체로 앞뒤로 두 개의 일자형 건물을 두었는데, 육지집의 안채와 사랑채와 같은 성별 구분이나 기능별 구분이 아니고, 부모세대와 자식세대가 각각 독립적인 생활을 하는 세대간 분리라는 점에서 특이하다.

한반도 중남부지방의 주택들에서도 조선후기로 가면서 인구의 증가와 함께 단위 건물에도 변화가 생기는 것을 볼 수 있다. 방들이 한 줄로 구성된 간단한 구성에서 앞뒤로 조금씩 확장되어 가는 현상이다. 집의 앞뒤 폭을 확장하여 넓어진 부분은 내부의 공간을 확장하여 실내공간으로 사용하기도 하고, 별도로 툇마루를 두어 반 외부/반 내부 공간으로 활용하기도 한다.

이렇게 집의 폭이 커지는 것은 집의 길이가 커지는 것과는 다른 기술적인 요구조건이 있다. 집의 길이가 길어지는 것은 건물의 구조방식을 변경하지 않고 원래 짓던 방식을 그대로 반복만 해도 가능한 일이다. 하지만 집의 폭이 커지면 그 위에 올라가는 지붕의 규모가 커지고, 지붕의 크기가 커지면 그 아래 몸통부의 구조가 튼튼해져야 하기 때문에, 원래 짓던 것보다 훨씬 더 큰 부재를 사용하고 훨씬 더 고급의 기술을 적용해야 한다. 가령 집의 폭이 2배로 커지면, 지붕도 같은 경사를 유지하기 위해 폭과 높이가 모두 2배로 커지게 되어 부피는 8배로 커지고, 자연스럽게 지붕의 무게도 8배로 커진다. 따라서 8배로 커진 지붕의 무게를 받치기 위하여 몸통부의 구조는 훨씬 더 튼튼한 것이 되어야 한다.

그러므로 조선후기에 주택의 폭이 커지는 것은, 민간의 주택을 지을 때에도 고급의 건축 기술이 적용되었기 때문에 가능한 일이었다. 조선전기에는 국가가 각종의 기술자를 직접 관리하였다. 집을 짓는 목수들이 하층의 신분이었고, 그들의 명부를 각 지방의 관아에서 관리하며 국가적으로 필요한 관아 건물이나, 읍성, 향교 등의 건설에 동원하였고, 이와는 별도로 불교 사찰에서도 승려 기술자를 양성하여 절을 짓는데 동원하였다. 그러나 조선후기로 내려오면서 신분제도의 이완과 함께 이와 같은 기술자 관리체계가 무너지고, 각 기술자들은 돈을 받고 민간의 일에도 자유롭게 종사할 수 있게 되었다. 이에 따라 조선후기에는 보다 고급의 건축기술이 민간의 주택 건축에도 적용될 수 있었고, 그 결과 보다 크고 튼튼한 집들이 지어질 수 있게 되었다.

2) 서울의 도시 구조와 지역별 개발

조선시대의 서울에 해당하는 한성부의 행정편제는 실록을 통해 알 수 있다. 개국 초기에는 동·서·남·북·중앙의 5부部와 52개의 방坊의 행정구역을 두고 이를 다시 계契로 나누었다. 이후 세종대에 서부西部의 영견永堅·인지仁智·취현聚賢의 3개 방이 줄어 49방이 되었는데, 이렇게 형성된 5부 49방제는 효종대까지의 약 200년간 거의 변동 없이 계속되었다. 이 중 서대문 밖의 서부 반송방盤松坊과 서소문 밖의 서부 반석방盤石坊 그리고 수구문 밖 청계천 일대의 동부 숭신방崇信坊과 인창방仁昌坊등 4개의 방만 성외에 위치하였던 것으로 보아 조선전기의 인구는 대부분 성내에 집중되었던 것으로 생각된다.

한성부에 거주하였던 주민은 대체로 관인官人, 공인工人과 상인商人, 노비奴婢와 상인常人으로 조선전기의 인구는 대략 10만을 조금 넘는 수준이었을 것으로 추정된다. 실제로 1428년(세종 10)의 한성부 기록에 의하면 당시의 서울에는 가구의 수가 1만 6,921호戶, 인구[口]는 10만 3,328명이며 성 밖의 성저십리城底十里에는 가구의 수가 1,601호, 인구는 6,044명로 집계되었다.

현재 서울의 성곽은 태조대에 건립이 시작되어 세종대에 완성되었고, 숙종대에 다시 개수되었지만 영역은 조선초기의 것과 크게 다르지 않다. 실록에 따르면 한양의 도성은 1396년(태조 5) 1월에 쌓기 시작하였는데, 처음에는 성터가 높고 험한 곳에는 석성石城을 쌓고 평탄한 산에는 토성土城을 쌓았다. 이후 세종대에 이르러서는 부분적으로 허물어진 곳을 다시 쌓았는데, 1421년(세종 3)부터 준비한 도성의 수축 공사는 이듬해인 1422년(세종 4)에 마무리되었다.

이렇게 한번 경계가 확정된 성곽은 허물고 다시 짓지 않는 이상 쉽게 그 영역이 확장될 수 없다. 따라서 교통이 편리하고 치안이 안정되어 있는 성내 지역은 이미 조선전기부터 과밀화되기 시작하였고, 곧 주택지의 부족문제가 대두되었다. 그래서 세종대에는 대신 및 부민들에 대한 택지 분급分給의 규모를 반으로 줄였으나, 그럼에도 불구하고 15~16세기에 이르면 새로이 집터를 얻기 어려운 상황이 되어 성외로 주민들을 옮기는 것에 대한 의논이 시작되었다. 상황이 이렇다 보니 도성 내 곳곳에는 남의 토지나 도로를 침범하여 불법으로 축조한 주택이 늘어나게 되었다.

당시의 주거 밀집 상황을 짐작할 수 있는 사례로 1426년(세종 8) 한성부에 발생한 화재를 들 수 있다. 당시의 화재로 인가人家 2,400여 호가 소실되었다고 하는데, 이는 당시 한성부 전체 호수의 15%에 이르는 숫자였다. 당시 화재로 인한 피해가 컸던 이유로는 인가가 밀집하여 들어선 상황과 함께 대부분의 주택이 초가였던 점을 들 수 있는데, 이러한 상황을 개선하기 위해 한성부의 가옥을 기와집으로 개량하는 작업이 대규모로 시행되기도 하였다. 한편, 화재 직후 다시 도로를 침범하여 지은 불법주택이 10,000여 가구 이상이었던 것으로 보아 당시 도성 내의 고밀화 상황이 어떠했는지를 짐작할 수 있다.

조선시대의 한성부민은 택지를 무상으로 지급받아 사용권을 획득하는 대신, 집터에 물리는 가기세家基稅와 건물에 물리는 가옥세家屋稅를 납부하였다. 정부는 가호를 대·중·소·잔殘·잔잔殘

《동국여도(東國輿圖)》〈도성도(都城圖)〉, 19세기 전반

殘호로 구분하고 차등적인 세금을 부과하였는데 이와 같은 수세 정책의 골격은 조선후기에까지 이어지게 된다. 이러한 정책의 시행은 세수를 확보하고 한정된 토지를 합리적으로 분급하려는 정책적 고려에서 나온 것이다. 하지만 이미 분급 받은 택지가 있음에도 불구하고 타인의 이름을 도용하여 다시 집터를 받는 경우와 같이 폐단도 적지 않았고, 대규모의 가옥을 두 채 이상 가지고 있

었던 대신들도 있어서, 토지와 집값의 상승, 주택 부족에 탄식하는 당시 기록도 꾸준히 발견된다. 따라서 도성내의 고밀화는 이미 조선전기에서부터 시작되어 시간이 지날수록 상당한 수준으로 진행되었음을 추정할 수 있다.

일반 주민들의 주거지는 조선전기에 주로 도성내의 평지를 중심으로 광범위하게 전개되었다. 당시의 주택건립은 한성부에 빈터에 집을 짓겠다는 허가를 받아 집을 짓는 방식으로 이루어졌다. 그러나 시간이 지남에 따라 주택지가 모자라게 되자 고지대로 올라가 가파른 산지에도 집을 짓게 되었고, 이러한 집들은 풍수상의 이유로 철거되거나 도성 외로 이주되는 기사가 조선왕조실록에 500여 건 이상 등장한다. 19세기의 그림인 《동국여도東國輿圖》 속의 〈도성도〉는 조선후기 한성부 주거지의 상황을 비교적 세밀하게 묘사하고 있는데, 도성 내는 물론 남대문에서 서대문으로 이르는 서남부 지역으로 시가지가 확장된 상황과 도성 밖 취락의 분포 양상을 잘 보여준다. 또 주택을 와가와 초가로 나누어서 표시하였는데, 도성 내부에는 와가가 많고, 도성 밖으로도 일찍부터 시가화가 진행된 서대문과 서소문 밖 지역에는 와가가 밀집하여 분포한 상황을 묘사하고 있다.

도시를 의미하는 옛말이 성벽과 시장을 합한 성시城市였다는 점에서도 알 수 있듯, 국초부터 시장은 한성부에 필수적인 시설로 인식되었고, 이미 1399년(정종 원년)에 종루를 중심으로 공랑公廊이라는 이름의 상설점포를 관설하여 시장상인을 이곳에 수용하려는 계획을 수립하였다. 당시 시장은 오늘날 종로 1가로부터 종로 3가 돈화문로 입구까지에 걸친 큰 규모로 계획되었으나 그 완성을 보기 전에 개경으로의 환도 등 정치적 분쟁으로 중단되었다. 공랑은 서울로 재천도를 한 이후 1410년(태종 10)부터 1412년까지의 약 2년 반에 걸친 공사를 통해 완성되었다. 당시 이곳에 처음 자리를 잡은 상점들은 공인된 시전市廛으로 조선의 전 시기를 거쳐 궁궐에 필요한 상품을 공급하며 부를 축적해 나가게 되었다. 당시 시전 지역의 땅 값이 한성부 내의 타 지역보다 3배 정도 비싼 값에 수용되었던 기록을 보면, 이미 15세기에도 이 지역의 경제적 가치가 높았음을 알 수 있다.

임진왜란과 병자호란후에는 계속된 한성부의 인구집중으로 성내의 상황이 포화상태에 이르자 성외로의 구역확장이 본격적으로 나타나게 되었다. 이때, 성외로의 영역확장이 일어나는 방향은 조선후기의 상업화 경향과 밀접한 관련을 가진다. 성외로의 구역확장은 먼저 동쪽으로부터 시작되었는데, 국초부터 이 지역은 비교적 경사지가 적고 넓은 토지가 많은 지형적 이점이 작용하여 농촌적 토지이용의 모습으로부터 발전이 시작되었다. 국영농장이었던 동적전東籍田과 선농단先農壇이 바로 동대문 밖의 지역에 위치한 점도 이와 무관하지 않다. 이곳에는 주로 전란 이후 신설되거나 강화된 수도 방위를 목적으로 편입된 하급 군병들의 주거지가 집중되었다. 이들은 한 달 중 열흘 정도만 군인으로서 근무하고 나머지 기간에는 상업·수공업이나 채소밭을 중심으로 한 근교농업을 병행하였으니, 이곳에는 주로 이들의 주거지와 농경지가 분포하였을 것으로 생각된다.

서쪽으로는 한강을 따라 조운선漕運船이 출입했던 양화진, 서강 등 물자가 오가는 주요 관문으로 확장이 두드러져, 1788년(정조 12)에는 서부에 연희방·연은방·상평방 등이 신설되었다. 이 지역은 특히 18세기의 서울 인구가 20만 명을 돌파함에 따라 100만 석 이상으로 증가한 서울의 미곡 소비를 충족시키기 위한 곡물시장이 활기를 띠게 되었는데, 현재에도 광흥창廣興倉과 같은 지명에 그 흔적이 남아있다. 한강변 포구의 주변에는 상인 외에도 미곡의 하역과 운송에 종사하는 주민들의 주거지가 형성되었고, 도성과 인접한 서소문 부근 지역에서는 한동안 한강 연안에서 들어오는 곡식이나 생선이 활발하게 거래되어, 성외의 상업지구 가운데 가장 번창했던 것으로 알려져 있는 칠패七牌가 위치하기도 하였다.

남쪽으로는 비교적 일찍 개발된 용산龍山과 두모포豆毛浦 등을 중심으로 한 포구취락과 이태원梨泰院 등의 지역에서도 역시 근교농업을 위한 주거지 및 시장이 분포하였을 것으로 생각된다.

조 선 시 대
서울의 한옥과
주 거 생 활

2

조선시대 서울 한옥의 여러 모습

1) 가사제한과 고급 주택

조선은 신진사대부 출신의 양반관료가 지배층을 형성한 왕조국가였다. 이들은 역성혁명 후 국가의 정치이념으로 유교적 가치를 내세우고, 1394년(태조 3) 고려시대의 삼경 중 하나였던 한양을 새로운 도읍으로 정한 뒤, 1396년(태조 5) 천도를 마무리하였다. 이 때 한양은 유교적 이념이 반영된 도시 계획을 바탕으로 도성과 궁궐을 비롯하여 종묘, 사직 등의 주요 국가시설이 먼저 건립되었고, 고려시대에 남경 또는 목멱양木覓壤으로 불리던 한양부의 공식명칭을 한성부로 개칭한 후 많은 사람들을 이주시켰다.

《태조실록》에 의하면 왕을 비롯한 개성부의 관료 및 왕실 족친, 상인, 개성부민 등 많은 사람의 이주를 위하여, 이미 천도 전부터 새로운 도읍지에 거주하게 될 사람들의 주택지 분급 규정이 준비되어 있었다. 당시 각 품별로 정해진 집터의 크기는 정1품이 35부負로 오늘날의 단위로 환산하면 약 1,365평, 정2품이 30부로 약 1,170평, 이하 한 품에 5부씩 내려 6품에 이르러서는 10부로 약 426평이었으며, 서민은 2부로 약 86평이었다. 서민에게 분급된 택지 규모가 오늘날 우리가 일반적으로 계획하는 단독주택지의 택지 규모와 큰 차이가 없는 점이 흥미롭다.

이때의 규정에는 대군과 공주 등 왕실 족친에 대해서는 규제가 없었고, 집터 위에 세워질 건물의 규모에 대해서도 언급이 없는 것으로 보아 왕실 족친의 주택에 대해서는 특별한 제한이 없었던 것으로 보인다.

이후 왕실이 안정되는 세종대에 이르자 좀 더 구체적인 건축규모의 제한이 거론되기 시작하였는데, 왕실 족친이 소유한 주택의 호화로움이 비판의 원인이 되었기 때문이다. 그 결과 1449년(세종 31)에는 집의 칸수와 치수를 제한하는 등의 규제가 등장하게 되었다. 이후 성종대의 《경국대전》에는 집터의 규모에 대한 제한이 다시 등장하는데, 이때 관리들에게 허용되는 집터의 규모도 반으로 대폭 줄게 된다.

조선전기에 마련된 집터와 가사규제에 대한 구체적인 내용은 다음의 표와 같다.

조선시대 집터와 집의 규모 제한

<table>
<tr><th></th><th colspan="4">집터[家基]의 규제</th><th colspan="4">가사(家舍)의 규제</th></tr>
<tr><td>시기</td><td colspan="2">태조대</td><td colspan="2">성종대(경국대전)</td><td colspan="2">세종대</td><td colspan="2">성종대</td></tr>
<tr><td>단위</td><td>부수
(負數)</td><td>평수
(坪數)</td><td>부수
(負數)</td><td>평수
(坪數)</td><td>칸수
(間數)</td><td>기둥높이
(尺)</td><td>칸수
(間數)</td><td>기둥높이
(尺)</td></tr>
<tr><td>대군</td><td></td><td></td><td rowspan="2">30</td><td rowspan="2">1,170</td><td>60</td><td>13</td><td>60</td><td>13</td></tr>
<tr><td>공주</td><td></td><td></td><td rowspan="2">50</td><td rowspan="2">13</td><td rowspan="2">50</td><td rowspan="2">12</td></tr>
<tr><td>군(君)</td><td></td><td></td><td rowspan="2">25</td><td rowspan="2">975</td></tr>
<tr><td>옹주 및 종친</td><td></td><td></td><td rowspan="3">40</td><td rowspan="3">12</td><td rowspan="3">40</td><td rowspan="3">11</td></tr>
<tr><td>1 품</td><td>35</td><td>1,365</td><td rowspan="2">15</td><td rowspan="2">585</td></tr>
<tr><td>2 품</td><td>30</td><td>1,170</td></tr>
<tr><td>3 품</td><td>25</td><td>975</td><td rowspan="2">10</td><td rowspan="2">390</td><td rowspan="7">30</td><td rowspan="7">12</td><td rowspan="7">30</td><td rowspan="7">11</td></tr>
<tr><td>4 품</td><td>20</td><td>780</td></tr>
<tr><td>5 품</td><td>15</td><td>585</td><td rowspan="2">8</td><td rowspan="2">312</td></tr>
<tr><td>6 품</td><td>10</td><td>390</td></tr>
<tr><td>7 품</td><td>8</td><td>312</td><td rowspan="3">4</td><td rowspan="3">156</td></tr>
<tr><td>8 품</td><td>6</td><td>234</td></tr>
<tr><td>9 품</td><td>4</td><td>156</td></tr>
<tr><td>서인(庶人)</td><td>2</td><td>78</td><td>2</td><td>78</td><td>10</td><td>7</td><td>10</td><td>–</td></tr>
</table>

출처: 손정목, 《朝鮮時代 都市에 관한 硏究 : 制度的 機能的 側面을 중심으로》, 단국대학교 박사논문, 1976, 304~311쪽의 표1~4의 내용을 바탕으로 재구성.

이렇게 호화로움이 비판의 대상이 되기도 하였던 왕실 족친의 주택은 조선시대에 걸쳐 서울에 지어진 한옥 중 가장 고급의 주택유형으로 볼 수 있다. 시간이 지남에 따라 계속해서 궁집들의 수요가 생겼겠지만, 그때마다 필요한 집을 매번 새로 짓는 방법 외에도 기존의 궁집을 이용하는 방법이나 궐 밖의 주택들 중 마땅한 것을 매입하는 경우가 있었다. 윤보선 전 대통령이 살았던 안국동의 한옥, 1998년에 남산골 한옥 마을로 이전시킨 관훈동 민씨 가옥 등은 사대부집으로 지어진 것을 매입하여 궁집으로 사용한 대표적인 예이다.

궁집 가운데 현재 그 위치를 확인할 수 있는 것으로는, 세종대의 영응대군, 성종대의 월산대군, 중종대의 혜순옹주, 인조대의 정명옹주, 숙종대의 연령군 주택은 경복궁과 창덕궁의 사이인 북촌지역에 있었고, 선조대의 덕흥대원군이 살았던 도정궁, 효종대의 숙휘공주가 살았던 창의궁 등은 경복궁의 서편인 서촌지역에 지어졌다. 이 밖에도 도성 밖에 지어진 궁집들이 있었는데, 그중 순조의 2녀와 3녀였던 복온공주와 덕온공주의 주택이 각각 현재 서울의 강북구 번동과 성북구 장위동에 남아있다.

한편, 새로운 도읍이 된 한양에는 대신들의 주택 역시 다수 지어졌는데, 경우에 따라 왕이 기거할만한 정도로 큰 규모의 저택도 있었다. 대신들이 생활했던 저택들의 규모나 형태에 대해서는 다수의 문헌기록을 통해 확인할 수 있고, 현재 서울에 남아있는 조선후기의 유구들에서도 그 구체적인 모습을 확인할 수 있다. 세종대에 공식적으로 정해진 가사규제의 내용상 2품 이상의 문

1. 의숙공주 저택(영희전)
2. 저경궁
3. 어의궁
4. 용흥궁
5. 수진궁
6. 명례궁(경운궁)
7. 용동궁
8. 이현궁
9. 창의궁
10. 의소묘(명종의 옛 잠저)
11. 남별궁
12. 자수궁
13. 인평대군제
14. 정숙옹주제
15. 효령대군제
16. 연령군제
17. 경선궁(덕안궁)
18. 사동궁(의친왕부)
19. 서울 운현궁
20. 운니동 김승현가(前 운현궁 영로당)
21. 안국동 윤보선가(영혜옹주 궁집)
22. 관훈동 민씨 가옥
23. 창덕궁 연경당
24. 창덕궁 낙선재
25. 도정궁(선조의 잠저)
26. 누동궁(전계대원군의 궁)
27. 안국동별궁
28. 순화궁(길안현주의 궁)
29. 청성궁(회유옹주의 궁)
30. 죽동궁(명은공주의 궁)
31. 계동궁(남연군의 종가)

*저경궁(2), 경선궁(17)은 육상궁 경내로 이전,
관훈동 민씨 가옥(22)은 남산 한옥마을로 이전.

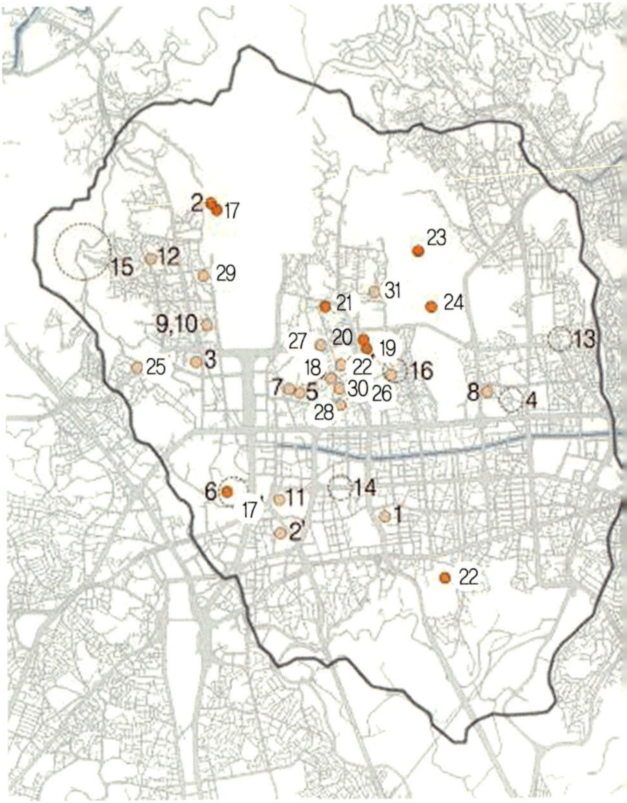

조선시대의 한성부에 위치했던 궁집들의 분포도

무관은 40칸(間), 3품 이하는 30칸이 가질 수 있는 최대 규모의 집이었으나 잘 지켜지지는 않았던 것으로 보인다. 특히 이러한 경향은 조선후기로 갈수록 확대되는데, 대대로 한성부에 거주하며 높은 관직을 이어나갔던 경화세족들은 저마다 화려한 저택을 짓고 기록을 남겼다. 홍양호의 사의당, 신위의 벽로방, 심상규의 가성각, 김조순의 옥호정 등이 당시 도성에서 아름다운 저택으로 알려져 있었다.

조선시대의 고급주택들은 국초에는 주로 왕의 족친 및 양반 계층이 소유하며 일반적으로 북촌 및 서촌 일대의 지역에 집중적으로 위치해 있었다. 그러나 조선후기에는 상류층의 주거지가 이동하거나 중인계층에서 성장한 새로운 세력에 의해 큰 규모의 주택이 도성 내 여러 곳에 지어져 광범위하게 나타나게 되었다. 한말의《한성부호적》에 의하면 19세기말 서울 성내에는 상당수의 대형주택이 있었는데, 이 가운데 30~49칸 규모가 422호, 50~99칸 규모는 169호, 100칸 이상은 45호였다. 이 중 100칸 이상의 저택은 현직 고관과 양반지주들의 소유로서 대부분 종로의 북쪽에 집중되었으나 중부 수진방, 관인방, 경행방에도 소수가 분포하였다. 그 이하의 규모인 30~99칸 저택 소유자의 약 75% 역시 고관과 양반지주였으며 나머지는 무관 및 부유한 상인들이었다.

가회동의 백인제 가옥과 한씨 가옥, 삼청동의 김춘영 가옥, 경운동 민병옥 가옥, 관훈동 민씨 가옥 등은 북촌일대에 위치한 대

박세당 주택의 사랑채

표적인 고급주택으로, 모두 19세기 후반에서 20세기 초에 걸쳐 지어진 것들이다. 따라서 정도의 차이는 있지만 조선시대의 전통한옥에서 근대기의 주택으로 변모하기 시작하던 시기의 과도기적 요소들이 나타난다. 이들 중 삼청동 오위장 김춘영 가옥과 관훈동 민씨 가옥은 1998년 남산골 한옥마을로 이전되었다.

한편, 조선후기가 되면 낙향하여 거처하는 귀거래의 장소가 도성에서 멀지 않았는데, 이로 인해 당장의 권세를 잃은 양반들이 도성 근교나 수도권에 새로운 선영을 만드는 일이 빈번해졌다. 이러한 추세와 더불어 도성에 연접한 성저십리城底十里나 도성에 멀리 떨어지지 않은 근교에 농막農幕이나 묘막墓幕을 겸해 집을 짓는 경우도 적지 않았다.

경기도 의정부시 장암동에 자리한 조선후기 실학자 서계西溪 박세당朴世堂(1629~1703)의 주택과 서울특별시 강남구 수서동 광평대군廣平大君(1425~1444)묘역 입구에 자리한 이병식 가옥 등이 이에 해당한다. 수락산 서쪽 계곡에 위치한 서계 박세당 주택은 안채

윤웅렬 별장(좌), 이종석 별장(우)

와 안사랑, 바깥사랑, 행랑채를 갖추고 있었으나 한국전쟁 때 대부분 소실되고 현재는 바깥사랑채만 남아 있고, 수서동의 이병식 가옥은 필경재必敬齋라는 이름의 한식당으로 사용되고 있다.

또한 도성 내에 주택을 가지고 있으면서 도성 밖의 경치가 좋은 곳에 별장을 짓는 일도 빈번하였는데, 부암동의 반계 윤웅렬 별장과 석파정, 성북동 이종석 별장 등이 대표적인 예이다. 석파정은 원래 철종대에 영의정을 지낸 김흥근의 별서別墅로 지어졌으나 후에 흥선대원군의 별장이 되었다. 아래의 그림은 순조의 장인인 김조순(1765~1832)의 별장인 옥호정을 그린 그림이다. 지금의 삼청동 총리 공관 부근으로 추정되며, 뒤로 보이는 산이 백악산이고 옥호산방玉壺山房이라 편액을 한 사랑채와 함께 여러 정자가 마당에 있고, 포도나무 넝쿨을 위한 틀과 소나무, 글자가 새겨진 바위와 집 옆을 흐르는 개울 등, 당대의 권세가가 누렸던 이상적인 주택의 모습을 살펴볼 수 있다.

〈옥호정도(玉壺亭圖)〉, 1815~1831년경

2) 도시주거의 상황과 서민 주택

한편, 조선시대의 한성부에는 밀집한 도시 환경에 적합한 특징적인 도시한옥이 발달하였다. 도시한옥은 일반적으로 중인과 양인 계층이 소유하며 도시민의 일상생활을 구체적이고 종합적으로 반영한 주거의 유형이다. 조선시대 한성부의 도시한옥은 고밀도의 상황에 대응하기 위해 대표적으로 다음과 같은 형태적 특징을 갖는다.

첫째, 도시한옥은 일자형의 평면보다는 ㄱ자형, ㄷ자형 등 다양한 꺾음집 형태의 평면 유형을 가진다. 이렇게 꺾어진 부분을 지니는 주택들은, 평면형태 혹은 지붕의 용마루 선 모양을 기준으로 ㄱ자집, ㄷ자집, ㅁ자집 등으로 분류한다. 꺾음집은 지붕의 구조 역시 일체화되어 있는데, 이러한 방법으로 규모를 확장하는 방식은 비슷한 목가구조의 전통을 갖는 중국이나 일본에서는 찾아보기 힘든 한국의 특수한 상황으로 이해할 수 있다.

지난 2004년부터 2011년까지 종로구 청진지구에서 진행된 총 6차례의 발굴조사를 통해 많은 건물지들이 발굴되었는데, 주로 15세기에서 16세기 전후의 것들이다. 이러한 건물지를 통해 간략하게나마 조선전기의 도시주택 규모와 형태를 유추해 볼 수 있다. 가장 많은 80여 개소의 건물지가 발굴된 '청진 12~16지구'의 발굴결과를 통해 볼 때, 일자형보다는 ㄱ자형과 ㄷ자형의 평면형태가 우세하게 나타나고, 집터의 면적은 80m²에서 200m²까지 비교적 다양하게 나타난다. 발굴조사의 결과를 통해 볼 때, 이 시기의 도시주택은 본채와 부속채를 따로 갖는 경우가 있었는데, 이 중 부속채의 경우에는 一자형의 평면형태가 주로 나타난다. 건물의 규모는 대부분 10칸 이하로, 서인 계층의 건물 건립 칸수를 10칸 이하로 규정하고 있는 《경국대전》의 기록을 통해 볼 때 주로 서인들이 생활하던 도시주택으로 추정할 수 있다. 집터의 경우 조선시대의 토지 분급규정 단위인 부負로 환산했을 경우 작은 것이 2부 정도로, 약 282m², 약 86평에 해당한다. 이는 역시 《경국대전》의 가대분급표상 서인의 품계에 해당하는 사람들의 가대 규모와 일치한다.

둘째, 도시한옥에서는 문간채 또는 본채의 벽이 바로 길에 맞닿는 경우가 빈번하게 나타난다. 건물 둘레로 마당이 있고 그것을 둘러싼 울타리 담장을 두는 것이 아니라, 건물의 벽이 바로 주택 외부와 경계가 되는 담벼락이 된 대지의 면적이 협소하며 인근의 집들과 바로 붙여지었기 때문이다. 이때 담벼락이 되는 벽은 일반적인 건물의 벽 바깥으로 돌을 층층이 쌓아 덧붙인 화방벽火防壁으로 만든다. 집이 바로 길에 면하게 되면서 마당의 구성도 달라진다. 집 둘레에 두는 바깥마당이 자연히 없어지고, 건물 안쪽에 위치한 안마당이 전체 집의 중심을 이루며, 약간의 여유가 있는 경우에는 사랑채로 사용하는 공간 바깥으로 작은 사랑마당을 두는 정도이다. 도시주택이기 때문에 농사 작업을 위한 넓은 작업 마당이 집 안에 필요하지 않은 점도 이처럼 마당이 줄어드는 이유가 된다.

이러한 조선시대의 도시한옥의 일반적인 모습은 현재 실물로 전하는 것이 적어서 구체적인 상황을 알기 어렵다. 따라서 발굴 유적과 그림, 도면 자료 등을 통하여 간접적으로 그 모습을 복원 추정해볼 수밖에 없다.

지금 서울의 주거지는 대부분 상업지로 혹은 공용지로 개발이 되어 조선시대의 모습을 추적하기 어렵다. 따라서 당시의 상황은 발굴을 통한 유적이나 옛 그림 자료를 통하여 구체적인 모습을 짐작하는 수밖에 없다. 그런 가운데 1908년을 전후하여 제실의 재산정리와 관련하여 생산된 일련의 도면들, 그 가운데서도 '가옥도형家屋圖形'이라는 이름으로 정리되어 있는 규장각 소장의 실측 도면들은 근대화 이전의 서울의 도시주택의 상황을 보여주는 귀중한 자료이다. 그러나 이 도면들은 모두 대한제국기에 만들어진 것으로서, 이 장에서 다루고 있는 조선시대 도시주택의 상황을 미루어 보는데 도움을 줄 수 있지만 직접적인 자료라고 하기에는 어려움이 있다. 이 절 마지막에 소개할 두 개의 그림 자료(〈군소가옥연접도형〉, 〈경기감영도〉)는 그보다 이른 시기의 상황을 보여주는 것으로, 비록 근대적 측량에 의한 도면은 아니지만, 조선시대 서울의 도시 주택의 상황을 엿볼 수 있는 귀중한 자료이다.

① 종로 양안에 조성된 시전행랑

태종이 한양으로 환도한 이후로 도로체계가 재편되었고, 관아 시설, 시전 등의 상업시설이 정비되면서 도성내 시가지 틀이 갖추어졌다. 각종 시설을 위한 공간의 확보와 도로체계를 바로잡는 두 가지 당면과제에 대한 방법으로 국초의 계획대로 주요 가로변에 행랑을 건설하였다. 이 건설은 1412년(태종 12)부터 2년간 4차례에 걸쳐 진행되었다. 태종 연간 행랑건설과 관련한 기록에 따르

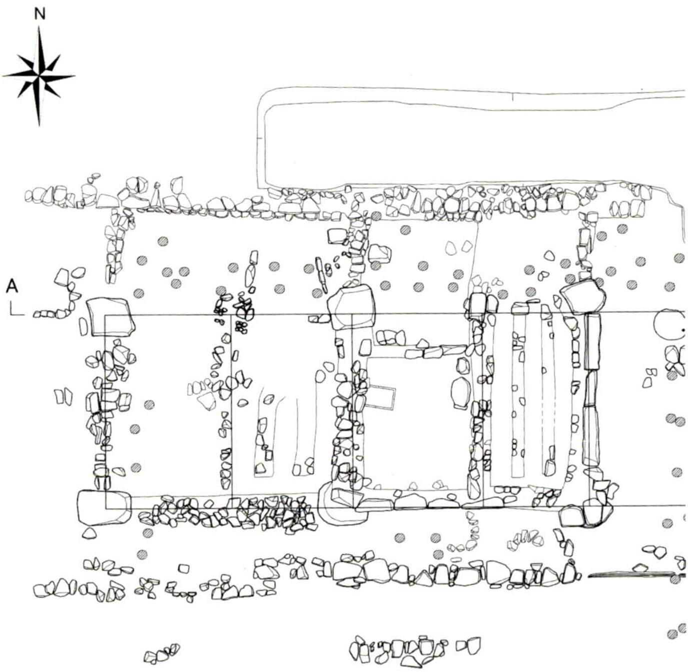

청진 2–3지구 시전행랑 일부

면 시전이 입점한 시전행랑은 종루를 중심으로 한 종로거리, 그 중에서도 1412년에 건설된 혜정교, 즉 종로대로와 중학천이 만나는 지점에서 창덕궁 동구 구간에 건설되었다.

2004년경부터 활발하게 진행된 종로 지역의 도심 재개발 사업의 과정에서 진행된 발굴 작업은 시전 행랑의 모습을 살피는데 결정적인 자료를 제공하고 있다. 종로의 북쪽 가로변에 있는 시전 행랑의 유구는 그 위치가 조선초기부터 일제강점기까지 거의 변화가 없는데, 이는 근대기에 종로의 폭을 넓히는 과정에서 북쪽은 그대로 두고 남쪽으로만 확폭하였기 때문이다. 발굴은 약 5.5m 깊이까지 진행되었는데, 지표 아래는 각종 전선과 배관이 설치되어 있었고, 그 아래부터는 19세기부터 18세기, 17세기, 16세기 그리고 가장 아래에서 15세기 건물지가 층층이 확인되었다.

시전행랑 건물의 1칸은 전면의 폭이 4m 내외이고, 깊이는 위치에 따라 다른데, 종각쪽 유적에서는 5.1m 내외, 청진2-3지구에서는 6.8m 내외, 청진 6지구는 5.2m 내외였다. 폭 4m의 한 칸을 다시 약 2.2m(서쪽)와 1.8m(동쪽)로 나누어, 넓은 쪽은 토방土房 또는 마루(서쪽), 좁은 쪽에는 온돌방(동쪽)을 두었다. 조선 초 시전행랑 건설기에는 내부공간을 온돌+토방으로 사용한 것으로 보이며, 온돌+마루의 조합은 조선전기~임진왜란 전후기에 해당하는 문화지층(제5문화층)에서 발견된다.

건물 전면인 종로 쪽으로는 1.2m 폭의 기단을 두고, 그 앞에는 약 70~90cm의 배수로를 두었다. 후면으로는 약 2m의 정지칸을 두고, 건물 뒤에 있는 피맛길과의 경계에는 벽을 세웠던 것으로 보인다.

이처럼 시전행랑 건물은 연립되어 지어진 사각형의 규격화된 공간임에도, 온돌, 마루, 부엌의 한옥의 전형적인 공간구성을 갖추고 있는 흥미로운 사례이다. 특히 흙바닥으로 된 토방이 마루방으로 바뀌어 가는 과정은 흥미롭다. 흙바닥을 쌓아 올려 마루의 역할을 하게 하는 사례는 조선후기 서민 주택의 봉당에서 볼 수 있고, 마루의 높이가 낮아 아래에 있는 땅바닥과 높이차가 거의 없는 낮은 마루의 사례는 조선전기의 건물에서 사례를 찾을 수 있다. 이 두 가지의 바닥 형식은 결국 땅바닥과 구분된 깨끗하고 높은 공간, 그러나 온돌은 아닌 공간이라는 점에서 공통된다. 그 공간은 상업공간이 될 수도 있고, 주택 내의 마루가 될 수도 있다. 둘 다 개인공간이 아니라 여러 사람이 함께 사용하는 공공공간이다. 시전 행랑의 유적은 이 공공 공간의 형식이 조선전기에 흙바닥에서 마룻바닥으로 바꾸어 가는 과정을 보여준다.

② 서울시내 중심부의 발굴 유적에서 드러난 조선시대 한옥

종로 일원의 발굴 조사는 시정 행랑뿐 아니라 도심부에 위치한 도시 주택의 상황을 살피는데도 결정적인 역할을 하였다. 이제까지 조선중기의 한옥은 남아 있는 실물 사례가 소수일 뿐 아니라,

청진/기타/공평지구 조사대상지별 건물지 분포

(괄호 안 = 평면유형을 알 수 있는 건물지 수)

지구명		조사기간	조사면적 (m^2)	전체 건물지 수	15~16세기 건물지 분포
청진지구	1지구	2009.03. ~ 2009.10.	4,244	49(41)	32(30)
	2,3지구	2009.07. ~ 2010.10.	7,860	79(61)	41(36)
	5지구	2009.08. ~ 2010.02.	2,400	37(17)	20(8)
	6지구	2004.03 ~ 2004.12.	8,655	26(17)	11(7)
	8지구	2011.04. ~ 2011.10.	2,758	42(40)	21(20)
	12~16지구	2009.04. ~ 2011.02.	11,000	184(159)	103(86)
기타지구	파고다타워종로	2009.10 ~ 2010.02.	1,235	11(11)	5(5)
	세종로 2지구	2010.10 ~ 2011.06.	4,117	89(75)	37(32)
	군기시유적	2008 ~ 2009	2,231	21(16)	21(16)
공평지구	1,2,4지구	2014.06 ~ 2015.04.	6,736	109(103)	57(53)
계			51,236	647(540)	348(293)

그 대부분이 도시와는 멀리 떨어진 농촌에 위치해 있기 때문에, 조선시대 서울의 도시한옥은 문헌을 통해서 간접적으로만 추정할 수 있었다. 그러던 중 일련의 발굴조사들을 통해, 비록 실물 전체는 아니지만, 주택지의 규모와 형태, 온돌과 마루 등의 바닥형식, 골목과 우물지 등이 실제로 확인되었다.

발굴에서 확인된 초석들을 통해 추정되는 건물지의 형태는 一자형, ㄱ자형, ㄷ자형, ㅁ자형으로 다양하지만, 그 수와 용도는 조금씩 다른 것으로 생각된다. 가장 많은 수가 발견된 一자형 건물지는 독립된 주택보다는 시전행랑 또는 주택에 딸린 부속채인 경우가 더 많았던 것으로 보인다. 주칸의 길이가 길거나 규모가 큰 경우는 대부분 이 지역의 대표적인 유구인 시전행랑이고, 주칸의 길이가 짧고 3칸 이하로 규모가 작은 경우는 ㄱ자형 또는 ㄷ자형의 주택에 딸린 부속채로 추정된다.

꺾음집 형태의 ㄱ자형과 ㄷ자형의 건물지는 一자형 다음으로 많은 숫자가 확인되었는데, 아마도 이미 조선시대에는 꺾음집이 서울 도시주택의 보편적 유형으로 정착한 것을 확인할 수 있다. 이 유구들에서는 고래, 아궁이, 마루가 발견되어 바닥형식의 추정이 가능한 것들도 있으며, 이를 통해 당시 이 지역에 온돌, 마루, 부엌의 바닥형식 조합이 다양하게 시도되었고, 완성된 형태의 도시 주택도 이미 존재하고 있었음을 확인할 수 있다. ㅁ자형 주택의 경우, 많은 수가 발견되지는 않았지만 사용된 부재가 크고 건물의 규모가 20여 칸 이상인 경우가 많아 중인 계층 이상의 주택으로 추정된다.

발굴을 통해 대청마루 전면 툇칸의 규모와 위치, 바닥형식도 다수 확인되었다. 그런데 이때 발견된 전퇴의 폭이 좁은 것은 70cm에서부터 넓은 것은 1.5m에 이르기까지 다양하며, 바닥의 형식 또한 마루가 깔린 것과 흙바닥이었던 것이 모두 존재했던 것으로 추정된다. 대청마루와 같은 높이에 퇴칸을 설치해 다른 방과 연결하면 신발을 벗은 채 방과 마루 또는 방과 방 사이를 오갈 수 있기 때문에 신발을 다시 신고 내려가서 다른 곳으로 이동하는 것보다 훨씬 편리하다. 이러한 이유로 조선후기의 주택에

공평지구에서 발굴된 16세기 주택의 유구

서는 대부분 마루 및 온돌방과 같은 높이에 툇칸이 설치된 것으로 이해되고 있다. 그런데 이와는 달리 조선 중기의 주택에서 다양한 너비와 형식의 툇칸 유구가 발견된다는 것은 이 시기 툇칸의 이용방식에 여러 가지 변화가 있었음을 보여준다. 실제로 발굴조사를 통해 ㄱ자형 유구에서는 전퇴가 없는 경우가 더 많았던 반면, ㄷ자형의 주택 유구에서는 거의 대부분 전퇴가 있었던 것이 확인되었다. ㄱ자형에 비해 ㄷ자형의 주택에서는 대청마루를 중심으로 양쪽으로 건물이 연결되어 다른 방 또는 마루로의 간편한 이동이 보다 중요한 상황이 되었고, 이에 보다 효과적으로 대응하기 위해 마루의 높이에 맞추어 전퇴가 더 발달된 것이 아닐까 생각된다.

③ 〈군소가옥연접도형〉와 〈경기감영도〉에 나타난 도시한옥

한국학중앙연구원 장서각에 소장된 〈가옥도형〉 중 여러 채의 중소가옥과 가게[廛]의 모습을 그린 〈군소가옥연접도형群小家屋連接圖形〉은 주거시설과 상업시설이 혼재되어 있는 도시적 상황과 함께 그 구체적인 공간구성, 평면형태, 구조, 규모 및 단위주거의 결합방식을 살펴볼 수 있다는 점에서 큰 의미를 가진다.

19세기 말에서 20세기 초에 작성된 것으로 추정되는 이 가옥도형에는 일정한 간격으로 동일한 평면이 반복되어 시전 행랑으로 추정되는 건물들이 오른쪽 변을 따라 그려져 있고, 그 뒤쪽으

로 크기가 제각각인 여러 규모의 주택들이 칸 단위로 그려져 있다. 각 건물들의 마당에 해당하는 부분에는 사람 이름들이 쓰여 있는데, 아마도 집주인의 이름일 것으로 추정되고, 각 칸에는 온전한 칸과 반칸 규모의 툇칸 등이 구분되어 표기되어 있고, 담장과 우물로 추정되는 원까지도 묘사되어 있다. 정확한 위치는 표기되어 있지 않지만, 같은 모양의 집들이 나란하게 일직선상으로 붙어있는 것을 종로에 면한 시전 행랑일 것으로 조심스럽게 예상해볼 수 있다. 행랑으로 추정되는 부분의 바로 뒤편에는 불규칙한 외곽을 가지지만 규모가 큰 터가 공백으로 처리되어 있다. 이 도면은 장서각에서 소장하고 있는 도면이므로, 왕실과 관련된 기관에서 왕실의 재산과 관련되었기 때문에 생산한 도면일 가능성이 크다. 공백으로 처리한 부분 둘레에 위치한 각 집의 소유자명을 자세하게 기록해놓은 것으로 볼 때, 가운데 공백으로 된 부분은 왕실과 직접 관련된 시설이 있었을 가능성이 크다. 시전 행랑과 인접하여 교통이 편리한 도성 내의 중심부를 그냥 공터로 비워놓았을 가능성이 적기 때문이다.

이 도면에 나오는 각 집들에는 대부분 ㄱ자형, ㄴ자형 또는 ㅁ자형의 꺾음집이 많고, 규모는 작은 것이 4칸 규모까지 있고, 큰 것은 10칸에서 15칸이 넘는 것도 있다. 각 실의 명칭 등이 기록되어 있지 않아서 구체적인 공간구성과 출입구를 알 수는 없지만, 도로와의 관계, 안마당과 칸의 크기, 두 칸 혹은 한 칸으로 되

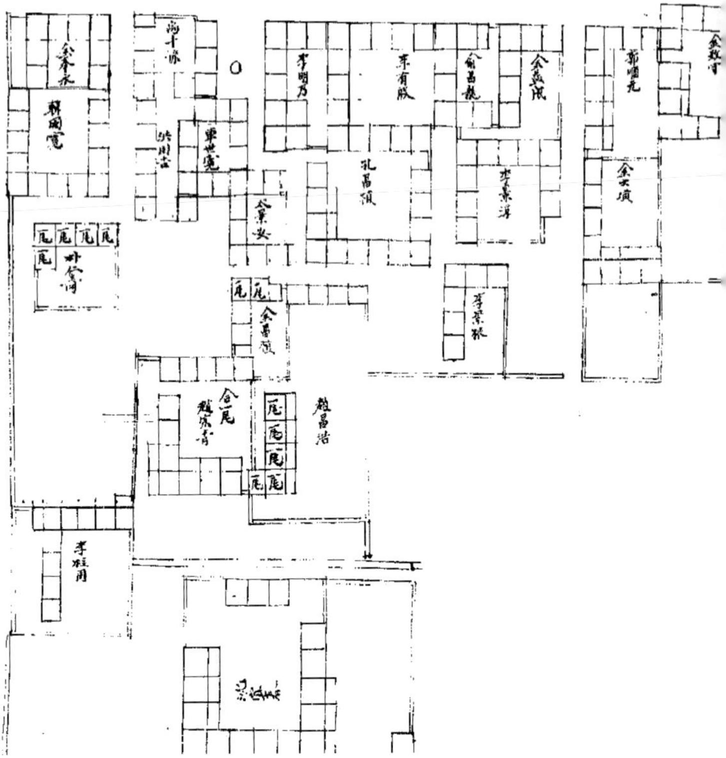

〈군소가옥연접도형〉의 부분(지붕의 형식과 소유자의 이름 등이 기록되어 있다)

어 있는 부분의 관계 등으로 추적하면, 대체적인 공간의 구성을 짐작할 수 있다. 집들 사이의 구분은 담장이 사용된 경우도 보이지만, 따로 담장을 두지 않고 집의 벽체로써 구분되는 경우도 볼

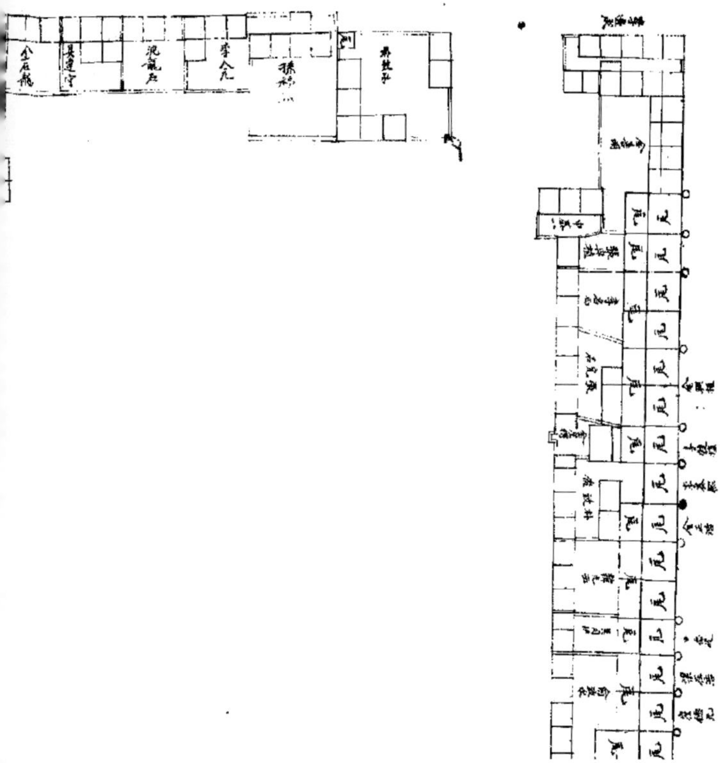

수 있다. 이러한 내용은 고밀도로 개발된 서울 중심부의 도시건축군의 모습을 잘 보여준다.

〈경기감영도〉, 135.8 x 442.2cm (삼성미술관 리움 소장)

〈경기감영도京畿監營圖〉는 12폭으로 된 병풍으로, 경기감영을 비롯하여 돈의문 밖 일대, 즉 반송방 일대를 그린 그림이다. 지금의 이 지역은 서대문 네거리의 의주로 일대에 해당하는 지역으로 안산과 인왕산 사이의 천연동, 냉천동, 옥천동, 영천동, 현저동 등이 포함되어 있다. 이 그림에 대해서는 관련된 자료가 없어 대략 18세기 후반에서 19세기 말 사이에 그려진 것으로 추정하고 있으나, 그림에 천연정天然亭이 그려진 점, 영은문이 남아있는 점 등을 볼 때 천연정이 지어진 1714년 이후에서 김홍집 내각에 의해 영은문이 철거된 1895년 사이에 그려진 것으로 볼 수 있다.

〈경기감영도〉는 도형 자료들과 달리 입체적으로 그려져 있어서 주택의 외관과 재료 등을 볼 수 있는데, 길 가의 벽들에는 초가草家이든 와가瓦家이든 상관없이 모두 화방벽火防壁이 설치되어 있다. 또한 집의 경계로 담이 쓰이지 않고 집의 벽체가 형성된 것은 한정된 집터를 최대한 활용하기 위한 것으로 보인다. 이 그림에 그려진 주택들은 대부분 남향을 배치의 기본으로 하고 있으나 도로의 영향으로 변화가 보이기도 한다. 와가는 주로 규모가 큰 집들이 대부분으로 중·상류 계층의 주택으로 보이며, 사랑채, 안채 그리고 행랑채로 보이는 건물들로 나누어져 있다. 이에 비해

작은 규모의 초가는 서민주택으로 생각되며 와가보다 단순한 공간구성을 하고 있다. 주요 도로와 접해 있는 곳의 주택들은 가게를 가로면에 두어 상업적 공간을 함께 가지고 있는 것을 볼 수 있다. 경기감영도의 와가들은 대부분이 솟을대문을 가진 사대부의 주택들이지만, 일부는 서민주택과 같이 간단한 배치형태를 가진 집도 나타난다. 주로 사대부의 주택으로 짐작되는 집들이 대부분 사당과 안채, 사랑채와 이 밖에도 많은 부속채를 가지고 있는 반면, 서민주택으로 보이는 와가들은 대문도 평대문으로 되어 있고, 상대적으로 단순한 공간 구조를 보인다. 따라서 와가와 초가의 구분이 반드시 신분상의 구분에 따른 것은 아님을 알 수 있다. 이와 같은 사정은 양동마을이나 하회마을과 같은 향촌의 씨족마을에서도 동일하게 드러난다.

〈경기감영도〉의 부분(18세기 후반에서 19세기 말 사이 돈의문 밖 도시주택들의 모습을 살펴볼 수 있다)

〈경기감영도〉에 보이는 초가와 와가

제 4 장

조선시대 서울의 이름난 한옥

1. 궁집[宮家]
2. 대관집 / 별업 / 별서

일제강점기 이전에 지어져

현재 서울에 남아있는 주택 중 문화재로 지정된 주택은 약 20여 동이다. 수만호 이상의 주택이 밀집해 있었을 조선시대의 한성부를 생각하면 터무니없이 작은 수가 남아있을 뿐이고, 근대기 서울이 얼마나 급격하게 변화해왔는지를 가늠해볼 수 있다. 이 가운데 1876년의 개항 전으로 시기를 한정하면 그 수는 약 10여동으로 줄어든다. 그 구체적인 목록은 오른쪽의 표와 같다. 이 표를 살펴보면 궁집으로 분류할 수 있는 것이 연경당, 낙선재, 운현궁을 비롯한 7동이고, 상류주택으로 볼 수 있는 것이 안국동의 윤보선가, 장교동의 한규설가 등 2동이며, 이승업 가옥과 석파정은 각각 중인의 주택과 별서別墅로 볼 수 있다.

이 장에서는 개항 이전에 지어진 문화재 한옥 사례 중 7동을 궁집, 고급주택, 별서 등으로 나누어 살펴보고자 한다. 창덕궁의 연경당과 낙선재는 궁궐 내에 주택형식으로 지어진 건축으로 독

현재 서울에 남아있는 조선시대 주택의 목록
(문화재로 지정된 것들 중 개항전의 것들을 대상으로 작성함).

연번	명칭	건축시기	성격	문화재 지정번호
1	창덕궁 연경당(昌德宮 演慶堂)	1827–1828	궁궐 내 주택형식의 건축	보물 제1770호
2	창덕궁 낙선재(昌德宮 樂善齋)	1846	궁궐 내 주택형식의 건축	보물 제1764호
3	서울 번동 창녕위궁재사 (樊洞 昌寧尉宮齋舍)	19세기 중반	궁집	등록문화재 제40호
4	서울 운현궁(雲峴宮)	1864, 1869	궁집	사적 제257호
5	운니동 김승현가 (雲泥洞 金承鉉家)	1869	궁집	서울특별시 민속문화재 제19호
6	장위동 김진흥 가옥 (長位洞 金鎭興 家屋)	1865	궁집	서울특별시 민속문화재 제25호
7	부마도위 박영효가 (駙馬都尉朴泳孝家屋)	1800년대 추정	궁집	서울민속자료 제18호
8	안국동 윤보선가 (安國洞 尹潽善家)	1870	상류주택	사적 제438호
9	장교동 한규설 가옥 (長橋洞 韓圭卨 家屋)	1890년 이전 으로 추정	상류주택	서울특별시 민속문화재 제7호
10	삼각동 도편수 이승업 가옥 (三角洞 都片手 李承業 家屋)	1860년대	중인주택	서울특별시 민속문화재 제20호
11	석파정(石坡亭)	19세기	별서	서울특별시 유형문화재 제23호

출처: 문화재청 문화재정보(http://www.cha.go.kr/korea/heritage/search)

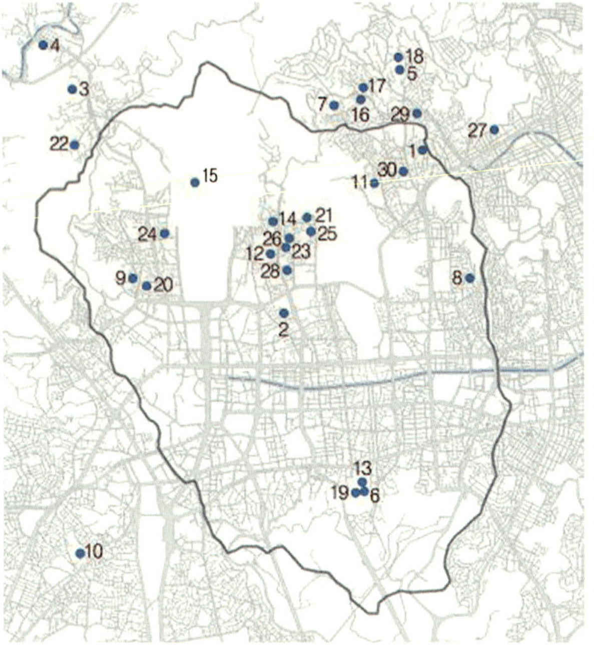

고급주택들의 분포도 (문화재로 지정된 서울시내 한옥을 대상으로 함)

립적인 주택은 아니기 때문에, 주로 궐 밖에 위치한 왕족의 주택을 가리키는 궁집과는 조금 성격이 다르다. 하지만 조선시대 최고급의 주택 형식을 이해한다는 차원에서 포함하였다. 또한 서울 번동의 창녕위궁 재사는 순조의 부마 창녕위昌寧尉 김병주金炳疇의 묘실로서, 재사로 지어진 부분을 안채로 삼고, 사랑채는 다른 곳에서 이축한 것으로 전해지고 있어 뒷부분의 구체적인 서술에서는 제외하였다.

1

궁집[宮家]

1) 연경당

조선시대 사대부 주택의 전형을 보여주는 연경당은 보물 제1770호로 창덕궁 내에 위치하며 1828년에 건립되었다. 연경당은 지형의 경사에 맞추어 남서향을 하고 자리 잡았으며, 두 채의 행랑채와 사랑채, 안채 등 기본적인 건물들 외에 선향재善香齋라 불리는 서재와 농수정濃繡亭이라 불리는 정자가 따로 있고, 부엌채인 반빗간이 안채랑 구분되어 따로 있는 것이 특별하다.

연경당의 사랑채

연경당의 가장 전면에는 솟을 대문과 그 좌우에 행랑이 연이어 있는 대문간행랑채가 있다. 대문 서쪽으로는 하인을 위한 온돌방과 부엌, 대청이 연달아 있고, 동쪽으로는 마굿간과 헛간이 있다. ㄱ자로 꺽인 헛간은 중문간행랑채와 이어진다. 중문간행랑채에는 두 개의 중문이 있어서, 각각 안채 마당과 사랑채 마당으로 연결된다.

안채와 사랑채는 서로 연결된 한 채의 건물로 지어졌으나, 중간에 담을 쌓고 출입을 제한한 두 개의 영역으로 나누어져 있다. 이는 일반적인 사대부 주택에서는 보기 드문 형식이다. 사랑채는 방과 마루 부분으로 나뉘는데, 방은 침방과 사랑방이 앞뒤로 붙어있고, 마루는 대청마루와 누마루가 좌우로 나란하다. 전체 외부의 윤곽은 단순하지만, 필요에 따라 다양한 공간이 들어가 있는 것이다.

사랑채의 동쪽으로는 서재의 역할을 하는 별당인 선향재(서재)가 있다. 동쪽의 작은 언덕을 배경으로 자리 잡았기 때문에 서향을 하고 있다. 그래서 서향의 햇빛을 막기 위하여 차양칸을 두었는데, 구조는 간단한 목조로 하였으나, 지붕에 동판이 사용된 것으로 보아 개항 이후에 고쳐 만든 것으로 보인다.

안채는 사랑방과 대칭적인 구성을 가진다. 사랑채에 붙어있는 쪽으로부터, 건넌방, 대청, 안방이 있고, 안방의 앞에 누마루를 두었다. 안채와 사랑채를 가운데 두고, 후면을 제외한 3면을 모두 ㄷ자 모양의 중문간 행랑채가 둘러싸고 있다. 안채의 뒤로는 별도의 담장을 갖는 반빗간채가 있다. 이처럼 부엌을 별도의 건물에 두는 것은 왕족들의 주택에서만 보이는 특징이다. 반빗간은 부엌, 온돌방, 마루방, 곳간, 광으로 이루어졌으며, 음식을 만드는 하인인 찬모饌母와 옷을 만드는 하인인 침모針母의 지휘 아래 음식을 만들고 옷을 침선하고 세탁하는 공간이었다.

선향재의 뒷 언덕 제일 높은 곳에는 농수정이라는 이름의 정자가 있다. 보통의 사대부가옥이라면 사당이 있을 법한 자리이다. 정면 1칸 측면 1칸의 아담한 규모이지만, 지붕과 창호의 문살 등이 화려하여 그 자체로 아름다울 뿐 아니라, 정자 위에 오르면 연경

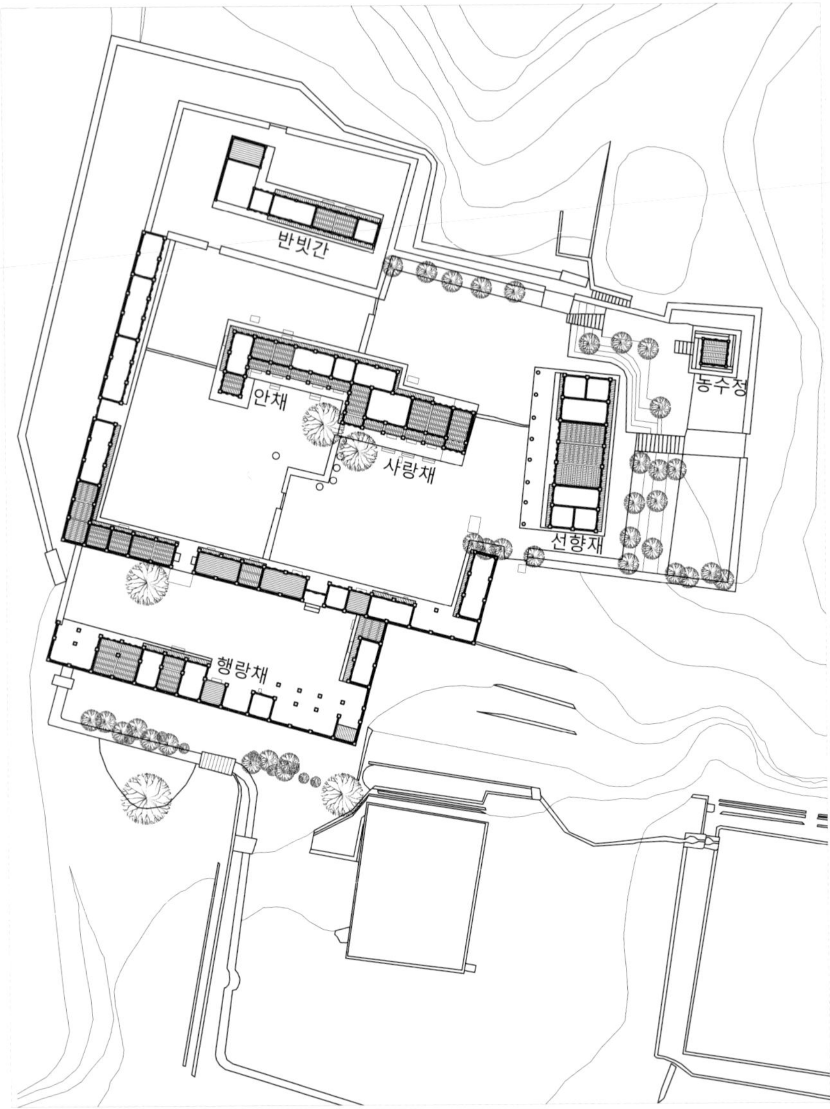

연경당 배치도

당의 전체적인 모습은 물론 창덕궁 후원 일대를 감상할 수 있다.

연경당에서 또한 눈여겨 볼만한 것은, 집의 왼쪽에서 시작하여 대문 앞으로 지나가는 물길과 그의 처리방식이다. 도랑이라고 할 만한 작은 물길이지만, 바깥행랑채의 일부가 그 위를 올라타고 있고, 또 대문으로 들어가자면 도랑 위에 걸린 돌다리를 지나가게 한 점이 특별하다. 이러한 대문앞 다리는, 경복궁이나 창덕궁 등 궁궐 건축에서 사용하는 금천교禁川橋의 형식을 빌려온 것으로 볼 수 있다. 집의 권위를 높이고 출입을 경계하고자 하는 의미를 엿볼 수 있다.

2) 운현궁 – 대원군 이하응 궁집

운현궁은 서울 종로구 삼일대로 460(운니동)에 위치한 사적 제 257호로 고종의 아버지였던 대원군 이하응李昰應(1820~1898)의 주택이다. 대원군은 연평대군의 6세손인 남연군의 제 4남으로 1820년(순조 20)에 출생하였는데, 후일 안동별궁이 들어선 터에 있었던 궁집에서 성장하다가 정선방貞善坊 운현雲峴으로 이사하였고, 고종이 즉위하게 되자 운현궁을 새로 짓게 되었다. 운현궁이라는 명칭은 서운관書雲觀 앞에 있는 고개를 운현이라 한데서 비롯된 것으로, 그 뒤 서운관이 관상감觀象監으로 개명된 후에도 별칭으로 통용되었다. 운관이란 서운관의 약칭이고, 운현이란 운관현의 변화된 명칭으로 보고 있다. 그러므로 고종이 즉위한 뒤 그의 잠저潛邸(왕이 즉위 전에 살았던 집)였던 흥선군의 주택은 왕의 잠저를 본궁本宮이라고 하는 전례에 따라 운현궁으로 불리게 되었다.

《매천야록》에서는 흥선군의 집이 고종 즉위 후 운현궁으로 변화되는 모습을 "용이 난 뒤 즉 고종의 즉위 이후 기존 운현에 있던 흥선군 사제私第(개인 주택)의 터를 넓히고 새롭게 하니 그 둘레가 수 리에 이르고 대문을 4곳에 설치하였는데 그 문의 모양이 근엄하였다는 것이다."라고 기록하고 있어 당시의 상황을 다소나마 짐작할 수 있게 한다.

운현궁의 건물과 관련한 기록 외에도 고종이 일 년에 몇 차례씩 운현궁에 직접 찾아가서 인사를 드리는 기록들은 《고종실록》에도 여러 차례 등장한다. 대원군 역시 공공연하게 정치에 개입하면서 궁궐에 일상적으로 출입하였기 때문에 창덕궁과 운현궁 사이에는 고종 전용의 문인 경근문敬覲門과 대원군 전용의 문인 공근문恭覲門이 설치되기도 하였다. 또한 운현궁의 부속건물들은 상당한 규모였는데, 이 역시 당시 대원군의 정치관여도도 매우 밀접한 관계에 있다. 즉, 대원군은 운현궁에서 직접 실정을 파악하여 정식의 기구를 통하지 않고 업무를 수행하려 했다. 또한 포군설치를 위한 재원징수에 있어서도 운현궁에서 직접 나서기도 했다. 이렇게 대원군이 정치적 주도권을 장악하기 시작하며 이를

운현궁 노안당, 노락당, 이로당

뒷받침하기 위한 인원이 운현궁에 거처하거나 출입하였을 것이며, 이들을 위한 건물들이 세워졌을 것으로 추정된다.

현재의 운현궁은 서울시에 의해 1996년에 복원된 것으로, 원래의 규모에서 영로당永老堂과 벽돌로 지어진 양관 건물, 일본대사관저 일대, 고종 생가가 위치하고 있었던 곳을 제외한 것이다. 영로당은 고종사후에 고종의 장조카였던 이준용의 전담의사였던 김승현에게 넘어가 김승현 가옥이 되었고, 1912년 경 지어진 양관은 이준용이 빈객들을 맞는 장소로 사용되다가 1946년 덕성학원에서 총 3,586평(약 11,854m²)의 대지와 284.66평(약 941m²)의 2층 벽돌 양관건물을 인수하여 1948년 매각대금을 완납, 현재 덕성여대 평생교육원으로 사용되고 있다. 고종 생가가 위치했던 터에는 현재 삼성래미안 갤러리가 위치하고 있다.

따라서 지금의 운현궁에는 노안당老安堂, 노락당老樂堂, 이로당二老堂의 세 건물이 남북으로 나란히 있고, 이에 부속되는 행각行閣, 그리고 문간채가 있다. 이중 사랑채인 노안당과 안채인 노락당은 각각 1864년 6월과 9월에 상량을 하였는데, 이후 노락당이 주로 고종과 명성황후 민씨가 운현궁을 방문했을 때의 거처로 사용됨에 따라 실질적인 안채의 필요성이 생겨 이로당이 1869년에 추가로 건립되었다.

노안당은 정면 6칸, 측면 3칸으로 된 몸채를 두고 그 동측면에 앞·뒤로 돌출하여 누마루와 온돌방을 덧붙인 형태로서, 전체적인 건물은 T자형 평면의 건물로 되어 있다. 기단은 몸채부분인 대청과 안방의 앞뒤는 장대석 세벌대(긴 돌을 두 층으로 쌓은 것)로 되어 있고 누마루인 영화루迎和樓 부분은 장대석 두벌대로 되어 있다. 노안당은 온돌방 외의 부분이 거의 마루로 되어 있다. 대청과 퇴칸에는 우물마루가 깔려 있고, 덧달린 툇마루바닥은 장마루로 되어 있다. 온돌방과 마루방의 사면은 벽체와 창호로 되어 있는데, 전체가 벽으로 되어 있는 칸도 있고 창호와 벽이 같이 설치되어 있는 칸도 있다.

1866년 고종과 명성황후의 가례장소로 사용되었던 노락당은 정면 10칸, 측면 3칸으로 된 몸채에 동쪽 끝에서 앞뒤로 돌출한 날개채를 붙이고, 서쪽으로 전면으로만 돌출시켜 전체적인 건물은 평면의 건물로 되어 있다. 노안당과 같이 기둥은 평주와 고주가 사용되었는데 모두 네모기둥이고 약간의 민흘림이 있다. 앞에 있는 노안당과의 사이에는 행랑채를 두어 공간적으로 떨어뜨려 놓았지만, 동쪽 끝의 돌출한 날개채에서 툇마루로 서로 이어진다.

노안당과 노락당이 주로 접객과 행사 등의 의례적인 용도로 사용되었다면, 주된 생활이 이루어진 살림채는 이로당으로 볼 수 있다. 일상생활이 이루어진 안채였던 만큼 외부의 덧달린 공간들이 많아 전체 경역 중에서 가장 변형이 심하게 된 곳으로, 1990년에서부터 1996년까지 진행되었던 복원 공사 때 덧달린 공간들 대부분이 철거되었다. 이로당은 ㅁ자형 평면을 가진 건물로서 정

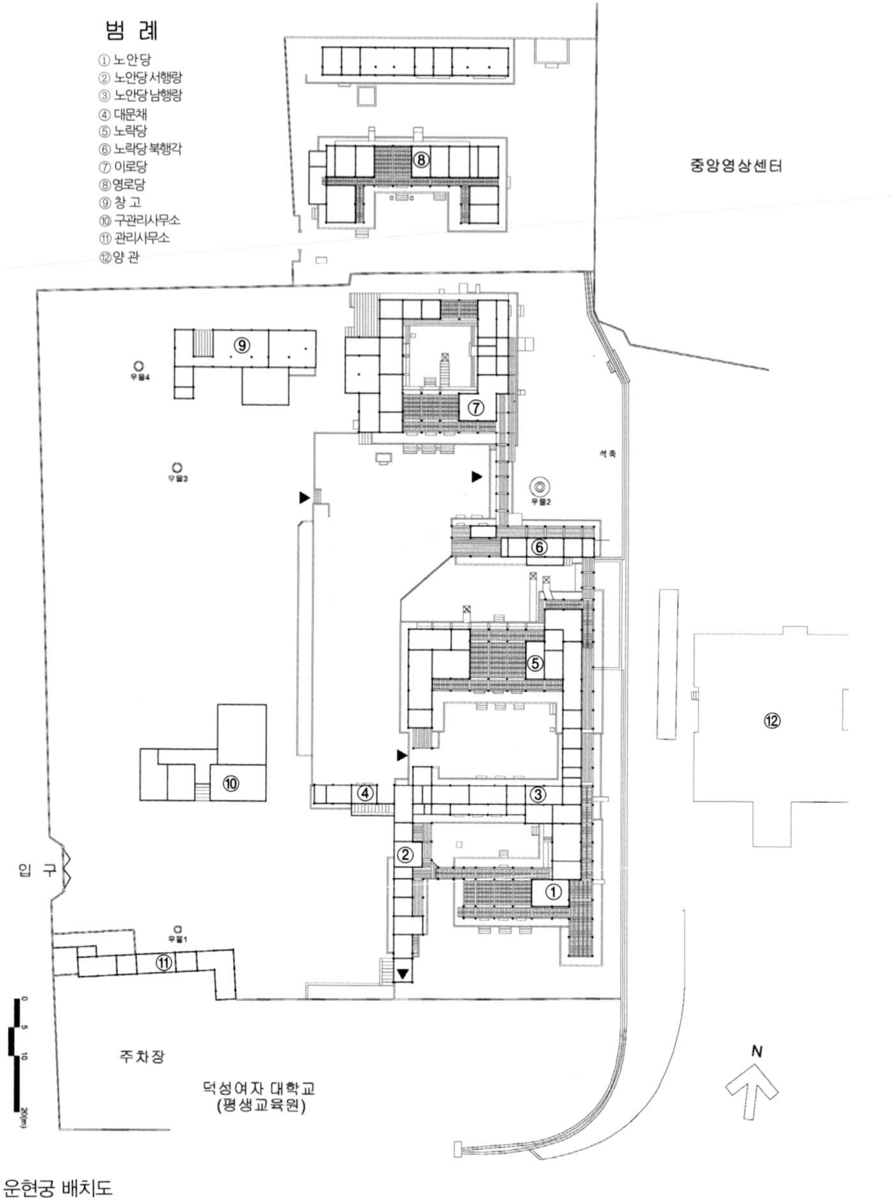
범 례
① 노안당
② 노안당 서행랑
③ 노안당 남행랑
④ 대문채
⑤ 노락당
⑥ 노락당 북행각
⑦ 이로당
⑧ 영로당
⑨ 창 고
⑩ 구관리사무소
⑪ 관리사무소
⑫ 양 관
중앙영상센터
우물4
우물3
우물2
우물1
석축
입 구
주차장
덕성여자 대학교
(평생교육원)
N
0
5
10
20(m)

운현궁 배치도

면 7칸, 측면 7칸의 규모이다. 건립당시에는 반빗간 등의 부속건물들도 있었던 것으로 보인다.

운현궁은 대원군의 정치생애와 함께 성쇠를 누렸던 곳으로 대원군의 정치적 영향력에 따라 영역의 확장과 축소과정의 상관관계를 엿볼 수 있다. 또한 운현궁은 고종과 명성황후 민씨의 가례嘉禮와 같은 행사를 비롯해 대원군 집권 당시 정치적 활동의 중심이 되었던 점을 생각해보면 당시 운현궁이 가졌던 의미를 알 수 있다.

3) 운니동 김승현 가옥 – 구 영로당(永老堂)

운니동 김승현 가옥은 서울 종로구 운니동 114-33에 위치한 서울특별시 민속문화재 19호로, 운현궁 북쪽 끝에 있던 영로당이 분리되어 독립된 경우이다. 따라서 영로당을 본채로 하고 뒷행랑채와 약간의 부속 건물만을 가지는 독특한 구성을 하고 있다. 영로당은 대원군의 큰아들, 즉 고종의 친형인 이재면李載冕(1845~1912)내외의 살림집으로 1869년에서 1911년 사이에 지어진 것으로 추정된다. 영로당이 운현궁과 분리되어 김승현가 가옥이 된 것은 대원군 사후의 일이다. 대원군의 뒤를 이어 운현궁을 계승한 이재면이 1912년 사망하고, 그 뒤 이준용李埈鎔(1870~1917)

을 거쳐 이우李鍝(1912~1945)로 대를 잇게 되었는데, 이우의 사망과 일제의 황실재산 몰수로 운현궁은 일제의 소유가 되었다가 광복 이후 미군정청의 결정에 의해 다시 대원군의 5대손인 이청李淸(1936~)씨에게 돌아갔다. 하지만 결국 운현궁가의 경제적 어려움과 활발히 진행되던 도시개발 계획의 영향으로 운현궁 대지의 부분적인 매각이 시작되었다. 앞서 살펴본 바와 같이 1946년에 양관을 비롯한 동쪽 대지 일부가 덕성학원에 팔렸으며, 동아일보에 따르면 1948년에 다시 운현궁의 일부와 석파정이 함께 흥한興韓재단에 매각되었다고 한다. 이후 1968년과 1969년에는 북측의 대지 일부가 각각 일본 대사관과 동양방송에 매각되었으며, 1992년에는 최종적으로 남아있던 운현궁 영역이 서울시에 매각되었다. 김승현 가옥 역시 이렇게 운현궁의 영역이 축소되어가는 과정에서 운현궁에서 분리되었다.

몸채인 영로당은 대청을 가운데 두고 안채 영역과 사랑채 영역이 구분된 ㄷ자형 평면을 가지고 있다. 몸채는 운현궁의 다른 건물들과 같이 남향을 하고 있으며, 중앙에 2칸의 대청을 놓고 그 양쪽에 온돌방을 ㄱ자로 두고 후면으로는 각각 부엌을 두었다. 전체적으로 대칭적인 모습이지만, 동쪽의 온돌이 서쪽에 비하여 두 칸 더 많다. 평면 구성상 특이한 점은, 실내에서 모든 방으로 다 이동할 수 있게 툇마루(일부에서는 실내의 복도)가 이어져 있는 점이다. 과거 운현궁의 영역에 포함되어 있었을 때는 동쪽 온돌에서

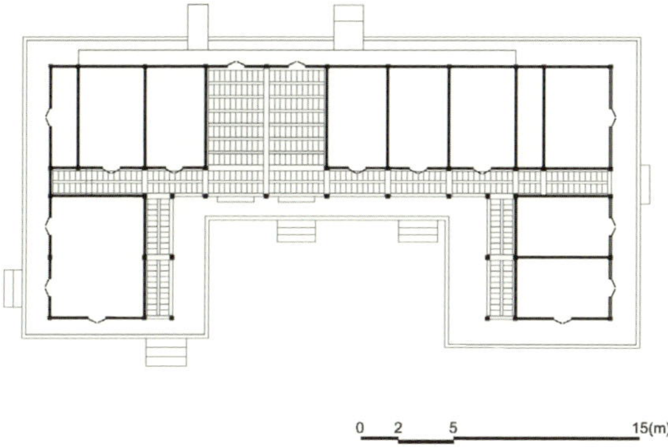

영로당 평면도(위)
운니동 김승현 가옥의 현재 모습(아래)

시작한 툇마루가 건물 밖의 행각으로 이어져 앞에 있는 이로당까지 연결되어 있었다고 한다. 몸채의 북쪽에 위치한 행랑채는 정면 10칸 측면 1칸의 규모로 부엌, 찬마루, 건넌방 등으로 되어있는데, 원래는 서쪽에 있었던 것을 북쪽에 새로 지은 것이다.

앞서 살펴본 것처럼 이 주택은 처음부터 사대부의 생활을 위해 지어진 것이 아니라 운현궁의 별당채로 지어진 것이다. 따라서 안채와 사랑채가 별도의 건물이 아닌 하나의 몸채에 함께 있는 점, 북쪽에 행랑채가 위치한 것이나 배치나 세부 의장적인 수법 등 일반적인 사대부 주택의 구성과는 다른 모습들을 발견할 수 있다.

4) 장위동 김진흥 가옥 - 덕온공주 궁집

이 집은 서울특별시 민속문화재 제25호 지정되었으며 서울 성북구 돌곶이로 34길 4-11(장위동 76-59)에 위치하고 있다. 순조(1790~1834)의 4녀 덕온공주의 부마인 남령위南寧尉 윤의선尹宜善(1823~1887)의 집으로 1865년(고종 2)에 지은 것으로 전해진다. 덕온공주(1822~1844)는 1837년 윤의선과 결혼하여 재동에 있는 저동궁에 거주하였다. 하지만 덕온공주가 후사 없이 젊은 나이에 사망하면서, 윤의선이 덕온공주 묘의 재실齋室로 지은 것이 지금 김진홍가의 안채와 사랑채이다. 뒤편에 있는 사랑별채와 부속채는 1905년 윤의선의 아들 윤용구尹用求(1853~1939)가 거처할 공간으로 신축한 것으로 추정된다.

이 집은 1926년 윤용구에서 창덕궁으로 소유권이 옮겨졌다가 1962년에 윤용구의 손자인 윤명섭尹明燮으로 바뀌고, 곧이어 1965년 김진흥金鎭興(1911~1990)이 소유하게 되면서 지금의 명칭이 되었다. 김진흥은 이 주택을 인수하여 거주해 오다가 그의 사후인 1998년 부인이 재단법인 선학원에 기부하여 현재는 진흥선원으로 사용되고 있다. 1977년에는 서울시 민속자료로 지정되었다.

이 집의 원형은 ㅁ자형의 안채에 ㄱ자형의 사랑채가 옆으로 돌출한 형식을 가졌던 것으로 추정된다. 그러나 후대에 사랑별채를 사랑채의 후면에 지으면서 이를 사랑채와 연결하여서 사랑채 영역 역시 ㅁ자 구성을 갖게 되었다. 안마당을 두고 사면을 건물이 에워싸는 중정형 구성을 보이지만, 자세히 보면 안채는 안방-대청-건넌방으로 이루어진 ㄷ자형의 중심공간을 두고 그 앞으로 부엌과 줄행랑 등을 직각으로 뻗어서 전면에 놓여 있는 긴 중문간채와 서로 연결한 형식이다. 중문간채가 안채의 중심공간보다 길기 때문에 안마당이 네모반듯하게 나지 않고 꺾여 있다. 안채는 현재 진흥선원으로 사용하면서 주불전이 대청 중앙에 자리하였고, 건넌방에도 불상이 모셔져 있다. 사랑채는 중문간채 옆으로 별도의 담장과 문을 두어 출입하게 하였고, 석축 위에 별도의

불전으로 전용된 김진흥 가옥 별당채 사진

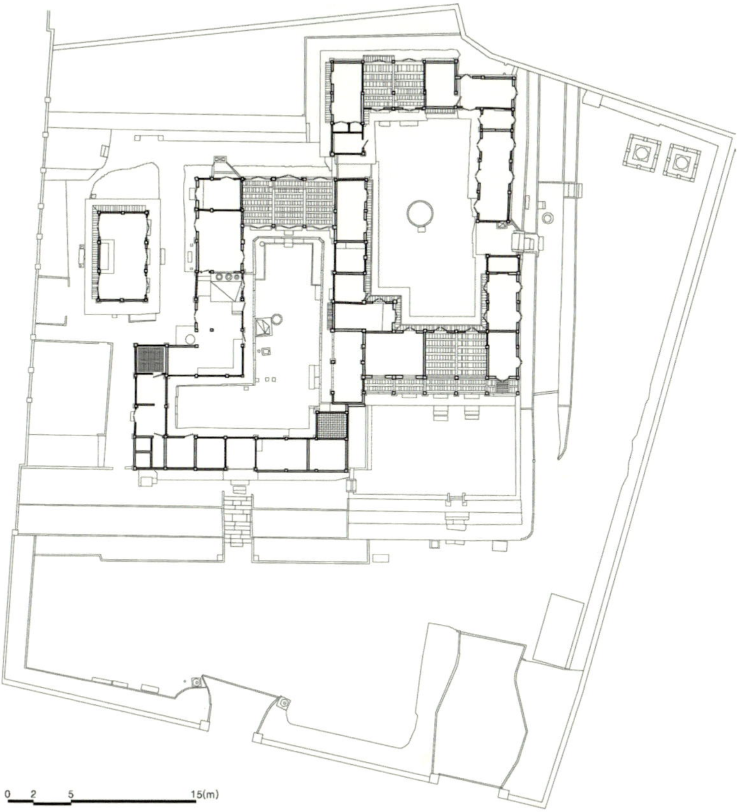

김진흥 가옥 평면배치도

사랑마당을 갖추었다. 현재는 사랑별채를 지으면서 안마당을 따로 갖게 되었고, 안마당으로의 출입구는 사랑채와 사랑별채를 연결하는 줄행랑에 두었다.

안채 옆에 위치한 별당채는 정면 3칸, 측면 2칸 규모의 一자집이다. 원래는 우물마루가 깔린 누정樓亭과 같은 건물이었을 것으로 보이는데, 현재는 선원으로 사용하면서 불상을 모시는 공간으로 변용되었다. 1989년의 민속자료보고서 도면을 보면 행랑채 역시 모두 광이었으나 90년대 이후에 방으로 개조되었다는 것을 알 수 있다.

조선시대의 재실은 1년 중 묘제 등의 제향의 행사를 지원하는 것 이외에 평상시에 묘역을 관리하고 묘에 딸린 재산을 운영하는 등의 기능이 있기 때문에 주거의 성격을 겸하고 있다. 지역과 형편에 따라 행사 지원의 기능과 주거의 기능 가운데 어느 쪽이 더 우세하게 지어지느냐는 차이가 있지만, 이 집의 경우 처음 지어질 당시부터 중정형中庭型 안채와 거기서 돌출한 사랑채라고 하는 조선 후기 사대부가 주택의 일반적인 구성을 따르고 있다. 다만 왕실과 관련된 궁집이었기 때문에 기단과 창호 에서는 수준 높은 의장을 엿볼 수 있다. 실제로 이 집은 윤의선의 아들인 윤용구가 일제로부터 주어진 작위를 거부하고 스스로 '장위산인'을 자칭하며 은거하며 서화에 전념하였던 곳으로 의미가 깊으며, 문화재 지정명칭 역시 수정이 필요하다.

2

대관집 / 별업 / 별서

1) 안국동 윤보선 가옥

이 집은 서울특별시 종로구 윤보선길 62(안국동8-1)에 위치한 사적 제438호이다. 1870년(고종 7) 민씨가 지은 것으로, 1894년에 고종이 이 집을 매입하여, 일본에서 망명 생활을 청산하고 귀국한 박영효朴泳孝(1861~1939)에게 하사하였다고 한다. 박영효는 철종(1831~1863)의 후궁 숙의淑儀 범씨范氏 소생인 영혜옹주永惠翁主(1859~1872)의 부마이다. 이후 윤보선尹潽善(1897~1990) 전 대통령의 부친인

윤치소尹致昭(1870~1944)가 1910년 무렵 사들여 윤보선 전 대통령이 거주한 집이다. 이 집은 지을 당시부터 큰 규모로 인하여 화제가 되었던 것으로 보이는데, 이와 관련된 일화가 전해져 내려오기도 한다. 고종에게 한 신하가 "아무개가 전각殿閣을 짓습니다."라고 말해 화가 난 고종이 집의 크기에 대한 이유를 묻자 집 주인이 "사람들이 저를 부처라 부릅니다."라고 말해 고종의 웃음을 자아내어 위기를 넘겼다는 일화이다. 당시 사찰의 불전은 건축 규모에 제한이 없었던 상황을 빗대어 위기를 모면한 것이다.

현재 안채, 사랑채, 별당, 부속채, 온실, 창고, 대문간채 등이 남아있는데, 집 주변에 담을 맞대고 있는 작은 집들이 원래 이 집의 부속이었다고 하니 건립 당시에는 훨씬 큰 규모였을 것으로 추정된다. 사랑채인 산정채의 서향한 전면에는 근대적인 차양칸을 두었는데, 이는 창덕궁 연경당 선향재의 차양이나, 강릉 선교장 별당인 열화당의 차양칸과 비견되는 예이다. 또 안채는 1970년대 전면적으로 개수한 것으로 높은 기단을 쌓고 내부에는 입식 생활을 위한 난방 장치 등이 갖추어져 있다.

서향을 하고 있는 솟을대문을 들어서면 행랑마당이 나오고 이 마당은 사랑 마당으로 연결된다. 솟을대문은 대문채의 중앙에 있으며, 왼편 북쪽에 한 칸의 문간방이 있고 남쪽에는 솟을대문에 붙은 쪽문으로 들어서는 헛간이 있다. 그 남쪽은 창고이며 ㄱ자로 꺾여서 차고가 있으며, 차고의 동쪽에는 현재 사무실로 쓰이

윤보선가의 사랑채(위)와 안채(아래)

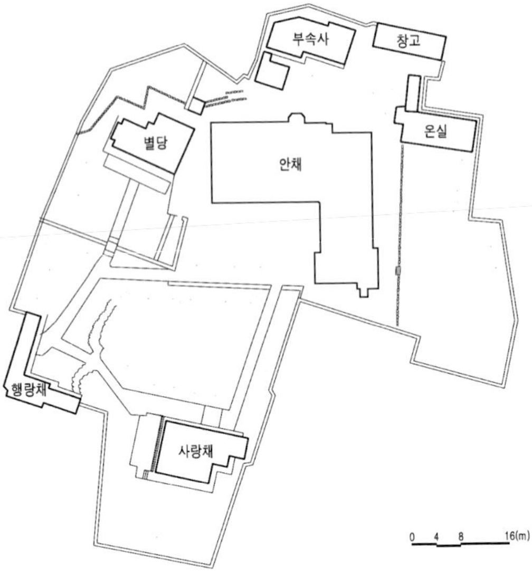

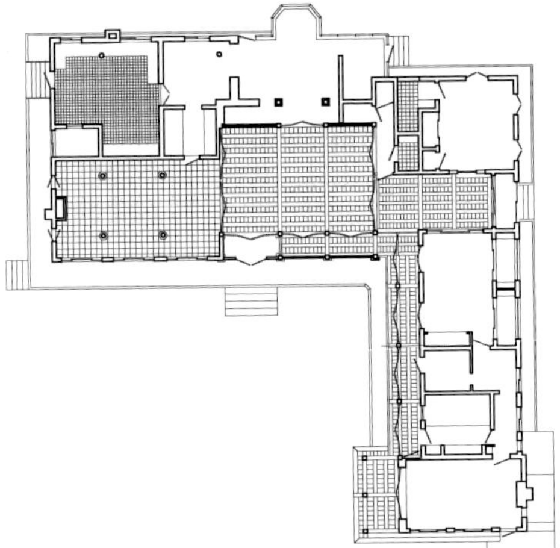

윤보선가 배치도(위)와 안채 평면도(아래)

는 문간행랑방이 있다. 이 사무실 동측으로 담장이 있어 동쪽으로 가다가 남쪽 방향으로 꺾어지면 사랑채의 서측 담장이 되며, 이 담장의 동쪽에 사랑채가 있다.

사랑채에는 행랑채가 부속되어 있으며, 안채 담장과의 사이에 연못이 있는 정원을 사이에 두고 남향하여 배치되어 있다. 사랑방 서쪽으로는 작은대청이 있고, 작은대청 뒷면의 북측에는 큰대청을 두었으며 그 동측에 침방을 두어 침방이 바로 사랑방 뒤쪽에 놓이게 하였다.

안채는 사랑채와 같이 장대석 세벌대 기단 위에 네모뿔대의 초석을 놓고 네모기둥을 세웠으며 가구는 2고주 6량으로 겹처마에 팔작지붕을 하고 있다. 별당채는 서남향하여 ㄱ자 평면을 이루고 있는데 반 칸 폭의 툇마루로 건넌방-대청-큰사랑을 일렬로 연결하고 있으며 뒤쪽으로 침방과 작은 사랑방이 있다. 별당채에도 사랑채와 같이 차양이 설치되어 있다.

윤보선 전 대통령이 오랜 기간 우리나라 정치의 중심적인 역할을 담당하였기 때문에 이 집은 정치적 무대로서 역사적 가치가 높고, 또 일찍부터 개화한 집안으로써 많은 정치, 사회, 문화, 학문의 선각자들을 배출한 것에 어울리게 전통의 형식을 유지하면서도 서양의 풍취를 가미한 독특한 건축 요소들을 살펴볼 수 있다.

2) 관훈동 민씨 가옥

관훈동 민씨 가옥은 서울특별시 중구 필동 남산한옥마을 내에 위치하고 있으며 서울특별시 민속문화재 제18호이다. 조선 후기 (1800년대)에 지어진 것으로 추정되는 이 집은 오랫동안 박영효가 살던 집으로 알려졌으나, 최근의 조사에서 1895년 민영휘 일가가 안국동으로부터 이주하여 살았던 집의 일부로 밝혀졌다. 1976년의 조사 당시만 해도 안채, 사랑채, 별채, 대문간채, 행랑채 등도 있었다고 하나 1977년 3월 17일 서울시 민속자료로 지정될 당시에는 안채와 안채에 연결된 중문간 행랑채만 남아 있었다. 지정 당시 소유자는 민영휘의 외증손 6인이었으며 이후 소유권이 이동하여 경인미술관의 전시실 및 차실로 이용되었다. 1995년부터 1998년까지 남산골 한옥마을로 이전하면서 안채 건넌방 부분과 사랑채, 별채를 복원하여 현재의 모습이 되었다.

원형 복원 추정에 따르면, 이 집으로의 진입은 인사동 큰길에서 가지를 친 작은 골목길의 막다른 곳에 위치하고 있고, 솟을 대문을 가진 바깥 행랑채가 서향을 하고 있었다. 솟을 대문을 들어서면 행랑 마당이 나오고 여기서 각각 사랑채와 안채로 연결되는 사주문四柱門(기둥이 4개 있는 단칸의 문) 형식의 중문이 있었다. 마주 보이는 중문을 지나면 사랑채가 있는 사랑 마당으로 바로 들어가고, 좌측의 중문을 지나면 안행랑 마당이 나온다.

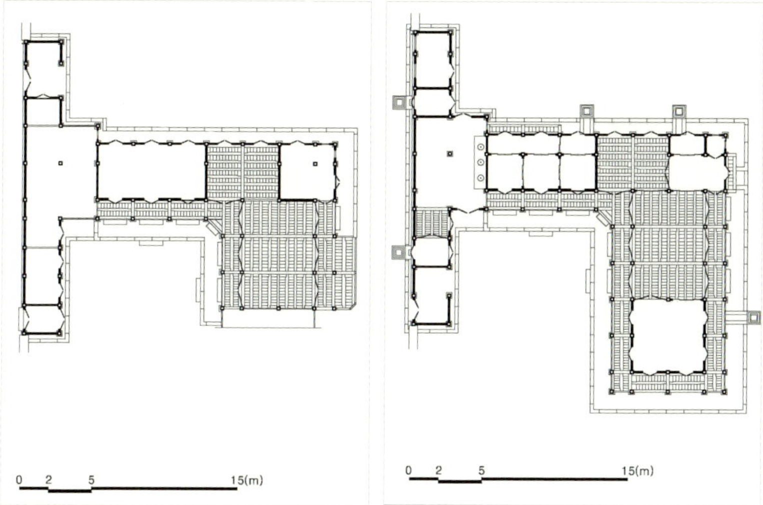

관훈동 민씨 가옥의 복원 이전 평면도(좌), 복원 이후 평면도(우)

안채 마당으로 들어서기 위해서는 안행랑 마당을 한 번 더 지나도록 한 것인데, 이렇게 하여 안채는 사랑채에 비하여 더욱 폐쇄적인 공간이 된다. 안행랑채는 바깥행랑채와 같이 남북으로 길쭉한데, 가운데에 있는 6칸 규모의 큰 부엌은 그대로 안채로 이어진다. 다시 말해 안채의 부엌 부분에 안행랑채를 부속시킨 것과 같은 모양이다. 안채는 부엌 다음에 안방, 대청, 건넌방이 놓이고, 건넌방에서 꺾여서 다시 마루와 온돌방이 튀어나갔다. 안채의 중심부가 부엌-안방-대청-건넌방의 구성을 갖는 것은 일반적인 조선 후기 남부지역의 주택 구성과 비슷하지만, 한쪽 끝에서는 부엌이 안행랑과 붙어 있고, 다른

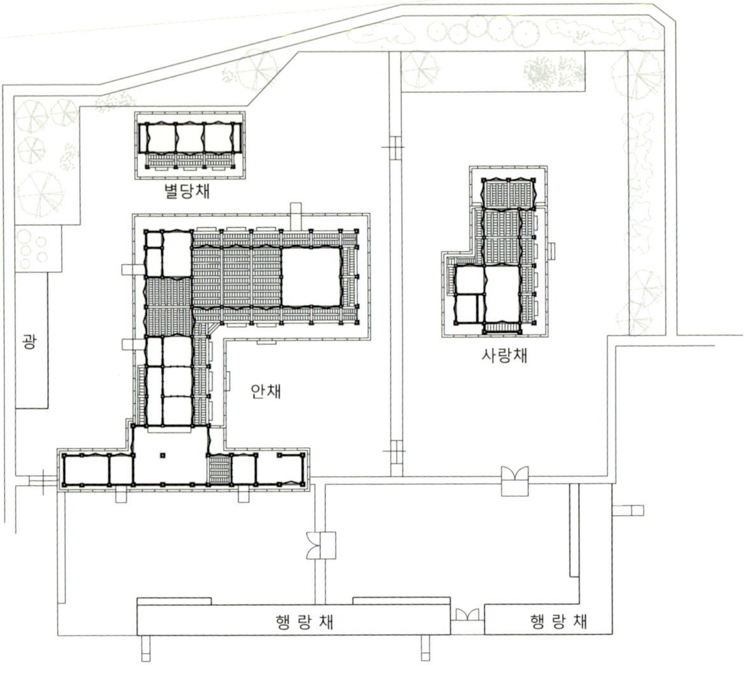

관훈동 민씨 가옥의 이건 및 복원 후 배치도

쪽의 튀어나간 부분에 대청보다 큰 마루방과 온돌방을 둔 것은 이 집만의 특징적인 모습이다. 좁은 대지 안에서 격식이 높고 규모가 큰 안채를 만들기 위해 서로 성격이 다른 3개의 건물을 하나의 건물로 이어지은 것으로 볼 수 있다.

이전 후 사랑채 사진

사랑채는 사랑채 마당의 한 가운데 자리하고 있으며, 작은 돌출부를 가진 一자형 집으로 볼 수 있다. 즉, 방과 마루, 누마루가 一자로 나란히 놓여있고, 방의 뒤편으로 아궁이와 침방이 튀어나간 단순한 구성을 갖는다. 사랑채를 둘러싼 사랑 마당의 남쪽과 동쪽에는 화단을 두었고, 안채와의 사이에 있는 담장에는 동·서편에 각각 일각문一角門(기둥이 2개 있는 작은 문)을 두어 연결하였다.

안채와 사랑채에서 사용한 장대석 기단, 2고주 7량가의 가구, 6칸 크기의 부엌 등에서 고급 주택의 면모를 느낄 수 있으며, 화려하게 초각한 보아지와 파련대공을 사용한 점, 마루밑 고막이벽에 안상형眼象形의 바람 구멍이 뚫린 벽돌을 사용한 것 등은 일반적인 주택에서는 보기 드문 것이다.

현재 남산에 복원되어 있는 주택에서는 바깥 행랑채를 복원하지 않아 행랑 마당을 거쳐 안채와 사랑채로 진입하는 과정이 생략되었고, 때문에 집 밖에서 안채가 바로 들여다보이는 등의 미비점이 있다.

3) 장교동 한규설 가옥

이 주택은 대한제국의 참정대신參政大臣으로서 을사늑약에 끝까지 반대하다 파면당한 한규설韓圭卨(1848~1930)이 살던 집으로 원래 서울시 중구 장교동 63-1번지에 있었다. 1977년에 서울특별시 지방민속자료 제7호(현 서울특별시 민속문화재 제7호)로 지정되었고, 1980년 국민대학교 법인에서 이를 매입하여 서울특별시 성북구 정릉동 국민대학교 구내로 이건하면서 본래의 모습을 보완하여 현재의 모습이 되었다. 지금은 국민대학교에서 명원민속관으로 사용하고 있다. 이건 전 장교동에서의 모습은 동남향의 솟을대문을 들어서면 행랑 마당이 나오고 행랑 마당의 서측에 사랑채가, 북측에 별채, 안채, 사당, 광채 등이 자리 잡고 있었으나 채들 사이의 담장과 문간 행랑채는 철거되고 없었다. 따라서 이건 때에는 솟을대문 좌우 행랑과 중문간 행랑채, 사잇담들을 복원하였다.

이 가옥의 건립연대에 대해서는 관련 자료가 전무하여 자세한 내용을 알 수 없으나 건축양식이나 구전으로 미루어 조선 말기

(1890년 이전)의 건물로 보고 있다. 장교동 63-1번지는 을지로 재개발사업으로 구획 정리되어 지번이 폐쇄되었는데, 이전 한규설대감가의 모습을 신문기사를 통해 어느 정도 추정해볼 수 있다. 당시의 기사에 의하면 이 집의 규모는 본채 40칸, 사랑채 20칸, 별채 22칸, 행랑채 17칸 정도로 대지규모는 약 1,200여 평에 달했던 것으로 보인다. 이중 본채의 대들보 지름은 약 1m에 가까웠다고 하니 개별 건물의 규모 역시 상당했던 것으로 보인다. 이 주택은 한규설이 1930년 별세한 후 1935년 박준혁朴俊赫에게 소유권이 넘어가면서 행랑채와 별채가 떨어져 나갔고, 1976년도에는 본채와 사랑채 및 뜰 등 4백여 평만 남아 있었던 것으로 보인다. 또한 사랑채 옆에 위치했던 별채는 1975년까지 청수장이라는 이름의 요정으로 사용되었고, 근처의 일각문은 비슷한 시기에 새로운 건물이 들어서면서 헐렸다.

현재의 한규설 가옥은 국민대학교 후문방향으로 500m 정도 올라간 곳의 우측에 위치해 있으며 전체 영역을 한식 와편 담장으로 둘렀다. 처음으로 나타나는 건물은 협문인데, 이전하기 전의 모습을 그대로 옮겼기 때문에 협문이 먼저 나타나는 것으로 추정된다. 협문을 지나 우측으로 진입하면 솟을대문이 나오게 된다. 솟을대문을 지나면 ㄱ자형 평면으로 구성된 문간채가 안채와 사랑채의 경계에 있다. 문간채 우측을 지나면 두벌대의 화강암 장대석기단으로 구성된 ㄴ자형 평면의 안채가 나온다. 안채는

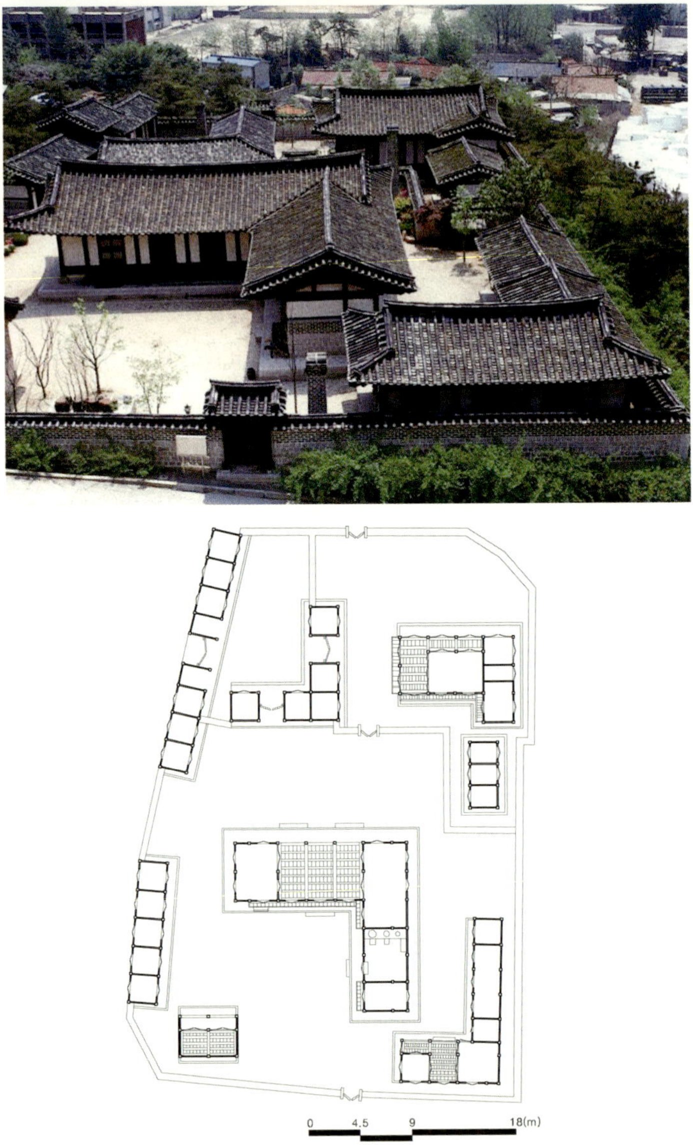

장교동 한규설 가옥의 이전 복원 후 전경 사진(위)과 배치도(아래)

5량 가구의 구조로 주 몸체와 돌출부가 결합되어진 구조로 되어 있으며, 지붕은 주 몸체 팔작지붕과 돌출부 맞배지붕으로 되어 있다. 안채의 배면으로는 마당이 조성되어 있고, 좌측으로는 국민대학교의 다례茶禮학습 동아리인 명운다회가 사용하는 건물이, 우측으로는 사당이 위치해있다.

안채의 정면에는 문간채와 사랑채로 진입할 수 있는 협문이 있는데, 이 문으로 진입하면 ㄴ자형 평면으로 구성된 사랑채가 있다. 사랑채도 안채와 같이 두벌대의 화강암 자연석기단위에 건물을 구성하고 있으며, 5량의 몸채와 3량의 돌출부가 결합되었다. 사랑채의 뒤로는 한옥으로 만든 화장실이 있다.

이처럼 장교동 한규설 가옥은 도심지의 개발로 인한 용도의 변경 및 이건 후 부분적인 변형으로 인해 원형이 충실하게 남아있지는 않지만, 조선말기 도심지에 위치했던 사대부가의 모습을 엿볼 수 있다는 점에서 의미를 가진다.

4) 삼각동 도편수 이승업 가옥

도편수 이승업 가옥은 서울특별시 민속문화재 제20호이며 현재 서울특별시 중구 퇴계로34길 28(필동2가) 남산한옥마을 내에 위치하나, 원래 중구 삼각동 36-2에 자리 잡고 있었다. 고종 초 경복궁이 중건될 당시 도편수였던 이승업李承業이 당시 청계천 광교 근처에 대지를 마련하여 경복궁의 중수에 쓰이던 자재의 일부를 사용하여 건립하였다고 하므로 1860년대 후반에서 1870년대 초반 사이에 지어진 주택으로 추정된다. 이후 이 가옥은 1889년 경주이씨 집안에 매각되어 이재윤李載潤, 이종익李種翊, 이영우李暎雨 3대에 걸쳐 사용되었으며, 원형 추정안에 따르면 현재 남아 있는 안채와 사랑채 외에 문간채, 행랑채, 별채 등도 있었다고 한다.

그러나 1939년 뒷사랑채는 소실되어 그 자리에 양옥이 신축되었고, 이어서 1948년에는 북쪽 대지와 가옥이 분할 및 처분되었으며, 1963년경에는 앞쪽 행랑채도 분할 이양되는 등 적잖은 변화의 과정을 겪었다. 또, 1964년에는 풍한산업 관계자에게 매각되어 사랑채가 기둥과 지붕을 제외하고 양식으로 개조되기도 하였다. 이후 조흥은행에서 관리하게 되어, 조흥은행 관리가로 불리다가, 1996년 남산골 한옥마을로 이전하여 현 이름을 찾았다.

복원 추정안에 따르면, 이 집은 모두 8동으로 되어 있다. 크게는 안채와 사랑채 문간채 영역이 서로 건물과 담장으로 구획되어 있다. 안채의 남쪽으로 중문간이 있는 아래채, 서쪽으로는 곳간채, 북쪽으로 뒤채가 있어 삼면이 건물로 막혀있고, 동쪽으로는 사랑채 영역과의 사이가 담으로 막혀있다. 사랑채의 영역에는 가운데 사랑채를 두고 북쪽으로는 안채의 아래채와 쭉 연결되어 사랑 뒤채가 있고, 남쪽으로는 사랑 아래채가 있다. 사랑 아래채에 한 칸

이승업 가옥의 이전 복원 후 모습

을 덧대어 행랑마당에서 사랑마당으로 바로 진입할 수 있는 문간이 있고, 안채와의 사이에는 두 개의 문을 두었는데, 안채와 사랑채의 앞마당을 연결하는 문은 장식적인 월문月門으로 만들어 양 옆의 장식적인 꽃담과 어울리게 하였다. 사랑채의 동쪽은 담장으로 막았고, 골목에서 사랑 뒷마당으로 연결되는 문이 있었다.

안채 건물의 형태는 서울과 경기도에서 자주 볼 수 있는 ㄱ자형 집으로, 안방, 대청, 건넌방으로 구성된 몸채에 안방 앞으로 부엌, 안방 뒤로는 웃방이 튀어나간 구성이다. 안방과 대청, 건넌방의 앞뒤로 툇마루와 쪽마루를 쭉 연결하여 신발을 벗은 채로 쉽

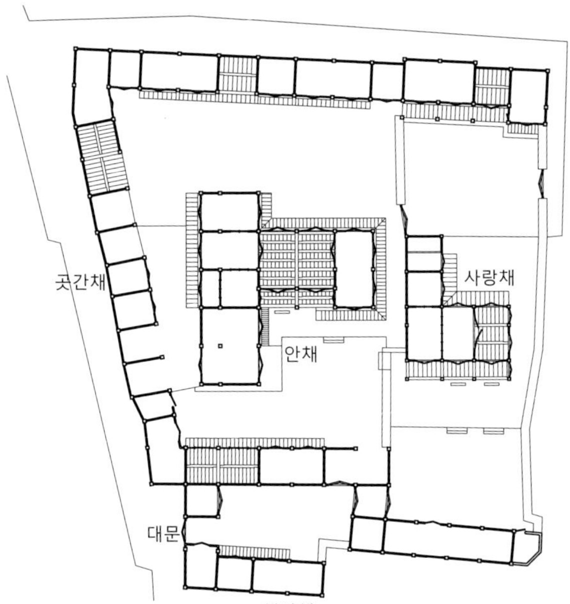

이전 전 삼각동 시절 1910~50년대의 사랑채(위)
원형 추정 평면도(아래)

게 이동할 수 있게 한 점이 특이하다. 이 집에서 특히 두드러지는 점은 기단과 목조 부재들, 그리고 창호들에 사용한 격조 높은 장식과 의장들이다. 사랑채와 안채의 기단은 화강암을 다듬은 장대석 기단을 사용하였고, 처마도리는 단면이 둥근 굴도리를 사용하였으며, 보머리는 앞을 경사지게 다듬고 옆면에는 문양을 새겼다. 중도리는 납도리로 하고 장여는 없으며 종도리는 굴도리로 하면서 밑에 장여가 있다.

이 집은 서울에 남아있는 조선시대 중인층의 주택 중 비교적 큰 규모의 집이다. 더구나 궁궐의 도편수인 이승업이 자신이 거주할 목적으로 세운 주택으로, 수준 높은 의장과 격식을 엿볼 수 있으며, 당시의 신분제도 변동에 따른 주택 규제의 완화 상황을 엿볼 수 있는 귀중한 자료이다.

5) 석파정과 석파정 별당

석파정은 서울특별시 유형문화재 제23호로 서울 종로구 자하문로 309(홍지동 125)에 위치한다. 석파정은 흥선대원군이 소유하게 된 별서別墅로써 대원군의 호인 석파石坡를 따서 붙여진 이름이다. 이전에 이곳을 어떻게 지칭하였는지 그 명칭을 정확히 알 수는 없으나 석파정 근처의 암반에 새겨진 '삼계동三溪洞'이라는 각자나 문헌들로 미루어 '삼계정三溪亭' 이나 '삼계동 정자'정도로 불렸을 것으로 추정된다.

조선 후기 도성민들의 소요처로 이미 이름이 높았던 삼계동 계곡에 김흥근金興根(1796~1870)이 이곳을 만들었는데, 이것은 경종 때 조정만이 지은 소수운렴암巢水雲濂菴을 인수하여 만든 별서였다. 김흥근이 언제 석파정을 조영하였는지에 관한 정확한 연대는 알 수 없으나 대략의 시간적 범위를 1837년에서 1866년 사이로 추정해볼 수 있다. 중국풍의 건물과 돌다리 등이 있는 것으로 보아서 그가 청나라에 다녀온 이후에 조성한 것으로 보는 것이다. 당시 대표적인 세도가였던 장동 김문인 김흥근은 이후 이조참판, 평안도감찰사를 거쳐 1841년 형조판서가 된 후 1851년 좌의정을 거쳐 1852년(철종 3)에 영의정으로 승서되었다. 따라서 그의 권세는 1850년을 전후하여 절정에 이르렀을 것으로 볼 수 있으며, 석파정의 건립 연대를 이즈음으로 보는 가정은 나름대로 신빙성 있는 추측이라고 생각된다.

이후 석파정의 소유권이 흥선대원군에게로 넘어가는 과정에 대한 이야기는 황현黃玹(1855~1910)의 《매천야록》에 상세하게 전한다.

> 흥선대원군이 김흥근에게 삼청동에 있는 별장을 팔 것을 간청하였는데 김흥근이 듣지 않자 하루만 빌려 놀게 해달라고

석파정 전경

하였다. 서울의 옛 풍습에 따라 정원을 가진 사람으로서 빌려 주지 않을 수 없어 김흥근이 억지 승낙을 하자 흥선대원군은 고종이 이곳에 행차하도록 권하여 고종과 같이 석파정에 머물렀다. 그 후 왕이 거처한 곳을 신하가 감히 거처할 수 없다는 관례에 따라 김흥근이 다시는 삼계동에 가지 못하게 되자 결국 이 별장은 왕실의 소유가 되었고, 이후 흥선대원군이 석파정을 이용하면서 자연스럽게 그의 소유물이 되고 말았다.

위의 이야기가 그대로 사실인지를 확인할 수는 없지만 흥선대원군과 김흥근의 관계를 미루어 볼 때 충분히 개연성이 있는 이야기로 생각된다. 특히 석파정에 고종이 행차하였다는 이야기는 《승정원일기》에서도 확인된다. 다만 《승정원일기》에는 여전히 삼계정이라는 명칭이 사용되고 있다.

석파정은 흥선대원군 사후에도 약 50년간 그의 자손들에게 세습되다가 일제강점기가 끝나고 한국전쟁이 시작된 후 1951년부터 1956년까지 5년 정도의 기간 동안 천주교 부설의 콜롬비아 어린이집으로 사용되었고 1957년 이후는 성 콜롬비아 병원(결핵요양소)으로 사용되었다. 이후 1958년에는 벽돌벽을 가진 별당채만 유명 서예가이자 정치가인 손재형孫在馨(1902~1981)에 의해 그의 집이 있었던 홍지동으로 이건되어 현재는 '석파랑'이라는 이름의 음식점으로 사용되고 있다. 손재형은 김정희의 〈세한도〉를 일본에서 되찾아온 것으로 유명한데, 석파정의 별당채가 세한도에 나오는 집과 비슷하게 중국풍으로 박공벽 전체를 벽돌로 만들고 원형의 창을 뚫은 집이라는 점은 흥미롭다.

석파정은 자하문 밖 인왕산 기슭에 남향을 하고 있지만, 앞뒤로 경사진 언덕을 면하고 있어서 그 사이의 계곡에 위치하게 된다. 원래는 본 채 이외에 계곡 좌우에 몇 개의 정자가 더 있었으나, 현재는 상류 쪽에 중국풍의 사각 정자만이 남아 있다. 진입로는 동쪽으로 나 있으며, 경사진 접근로를 따라 올라 가다보면 안채, 사랑채 및 별채로 이루어진 본채가 나오고 모두 경사진 단 위에 남향하고 있다.

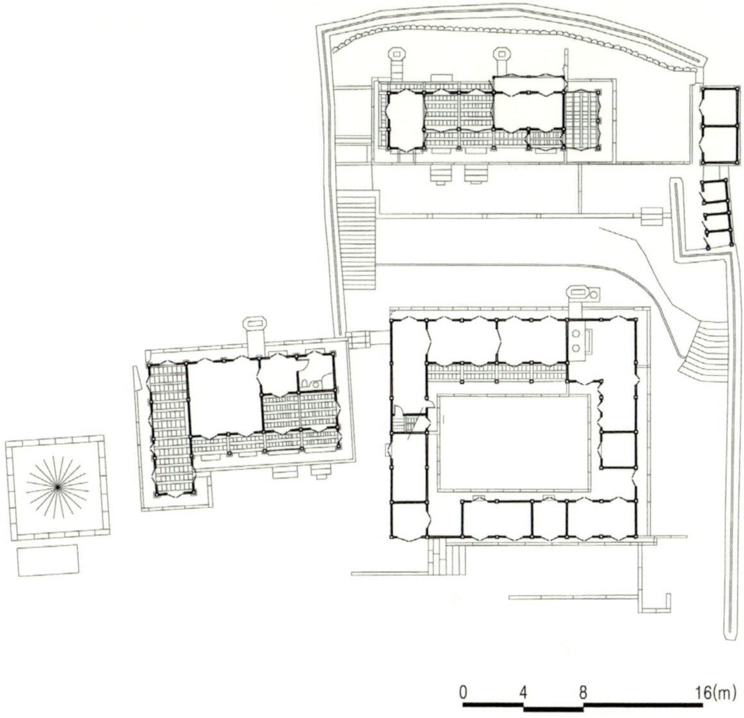

석파정 배치도

석파정 계곡 상류쪽에 위치한 중국풍 정자의 모습

본채는 일상적 살림을 할 수 있을 정도로 완전한 주택의 모습을 갖추었는데, 안채는 ㅁ자형의 중정형 건물이고, 사랑채는 정면 5칸, 측면 3칸의 평면에 문 서쪽 모서리로 누마루가 한 칸 돌출되어 있는 ㄱ자형의 집이다. 이 사랑채의 누마루는 서쪽 4칸 전체가 하나로 이어져 있는데, 이러한 점은 일반적인 사랑채 평면과는 다른 공간 구성을 보여준다.

안채 역시 대청이 없는 다소 특이한 평면 구성을 하고 있다. 북쪽으로 2칸짜리 큰 방이 2개 있고, 그 앞에 툇마루가 있는 것으로 보아 이 2개의 큰방이 안주인이 기거하는 곳으로 보는데, 동쪽으로 현재는 개조된 부엌이 있다. 부엌의 북쪽으로는 이전에 부엌의 아궁이와 연결되었을 것으로 추정되는 굴뚝이 있다. 별채는 안채 뒤의 한 단 더 높은 대지 위에 세워졌고, 정면 6칸, 측면 2칸 규모의 일자집이다. 이외에 현재에는 금속 지붕을 사용한 중국풍의 정자가 계곡 속에 역시 중국풍으로 지그재그로 만든 돌다리를 건너서 만들어져 있다.

석파정이 자리한 삼계동 계곡 일원은 한양도성의 북소문인 창의문(속칭 자하문) 바깥의 세검정으로 가는 길목에 자리하여 도성에서 가깝고, 또 명산인 인왕산의 산록에 위치하여 일찍부터 도성민들이 즐겨 찾는 곳이었다. 그러므로 이곳에 주인이 된다는 것은 당시의 권세를 보여주는 일이어서 안동김문과 흥선대원군 사이의 일화가 이를 보여주고 있으며, 또 19세기 이래 왕실과 일부의 상류층을 중심으로 빠르게 확산된 중국풍 건축의 유행을 엿볼 수 있다는 점에서 중요한 시대적 가치를 담고 있다.

제 5 장

근대 이후 서울 한옥의 변화

1

근대화와 도시 주거의 변화

1) 근대적 제도와 문물의 도입

1876년 개항에 의하여 조선은 서구의 근대 문명과 본격적으로 조우하게 된다. 외세에 의한 강압적인 접촉이었지만, 조선 정부 역시 당시의 시대적 상황을 인식하고 근대화에 대한 노력을 기울이기 시작하였다. 이러한 근대화의 시도는 외국 문물에 대한 접촉이 가능하였던 신진개화파들이 주도하였다.

갑신정변의 주역이었던 김옥균과 박영효 등은 도로망의 정비가 핵심적인 사항으로 생각하였다. 1882년 함께 수신사로 일본을 다녀온 김옥균은《치도약론治道略論》이라는 소책자를 저술하였고, 같은 해 한성판윤이 되는 박영효는 이를 시정에 반영하였다. 그 내용은 치도국을 설치하여 도로를 정비하고 인력거와 마력거를 운행하며, 도로의 청소와 함께 땔감 시장을 개설하는 등의 근대적인 도시 정비의 내용을 담고 있다. 그러나 이들 개화파의 노력은 1884년 갑신정변의 실패로 실현을 이루지 못하였다. 1894년 7월 이후 약 19개월간 진행된 갑오개혁에 의한 근대적 정부기구의 설치도 있었으나, 본격적인 도시의 변화는 1905년 을사늑약 이래 행정권을 차지하기 시작한 일본 식민 정부에 의하여 주도되었다.

일본은 을사늑약 체결과 함께 통감부를 설치한 이후, 일본인의 토지소유를 법률적으로 보장하고 한국통치의 재원을 조달하기 위한 일련의 부동산 관련 제도를 적극적으로 추진하였다. 이를 위해 1907년 10월 〈토지가옥증명규칙土地家屋證明規則〉을 공포하였고 1908년 10월에는 〈토지가옥소유권증명규칙〉을 공포하여 부동산 등기 제도의 기반을 마련하였다. 또, 1910년 1월 통감부는 탁지부 산하에 토지조사국을 설치하고 토지조사 전반의 계획을 담은《한국토지조사계획서》를 제출하였다. 그 후 2개월 뒤인 3월 14일에 〈토지조사국관제土地調査局官制〉가 공포되면서 정식으로 토지조사국이 설립되었다. 그 해 8월의 강점 이후, 9월 30일 〈임시토지조사국관제〉를 공포하였고 명칭을 임시토지조사국으로 변

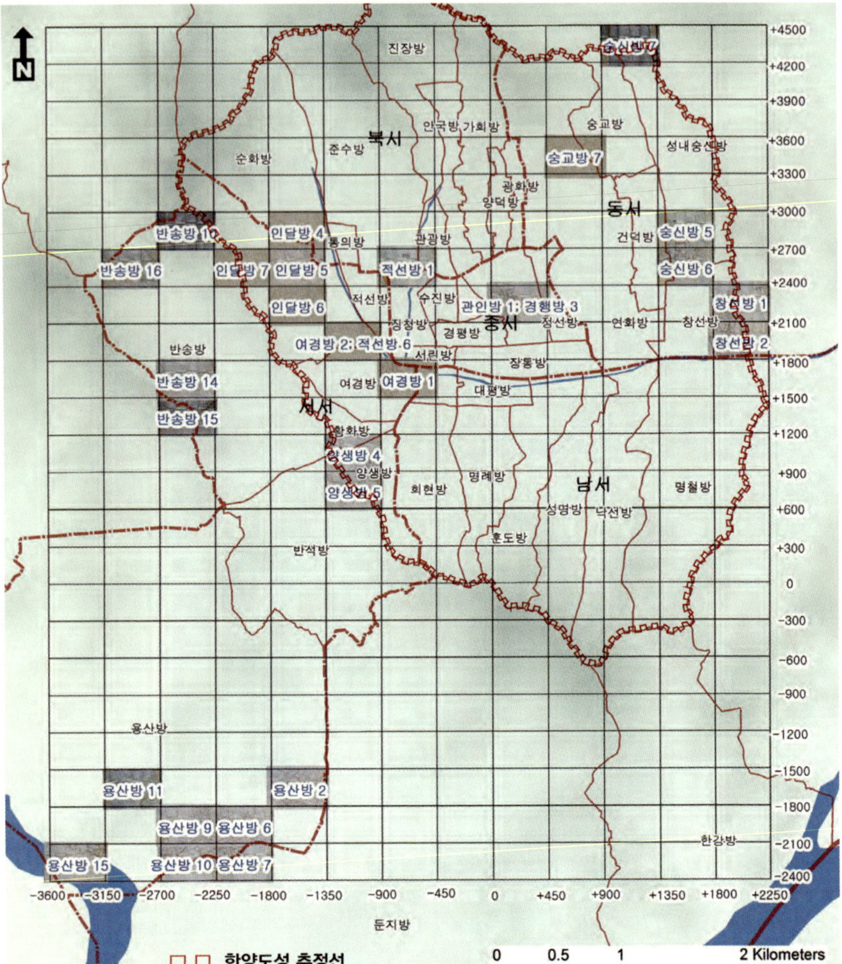

한성부 지적도 일람도 (서울역사박물관 간행)

경한 후 토지소유권조사, 토지가격조사, 지형·지모地貌를 조사하였으며, 1918년 11월 4일 사업을 종료하였다. 현재의 지적도의 바탕이 이 때 만들어졌다.

서울의 필지 구획 상황을 보여주는 가장 오래된 자료는 이보다 앞서 1908년 한성부가 자체적으로 조사한 〈한성부지적도〉이다. 현재 29매가 남아있는 이 지적도는 한성부의 전체가 아닌 일부 지역만을 살펴볼 수 있다. 근대적인 도량형의 제도를 도입하여 표준화하고 측량을 통하여 지적도를 만드는 작업은 모두 나라의 재산이 정확히 얼마인지를 확인하고 그 소유자가 누구인지를 명백히 하기 위한 수단으로 대한제국기에 활발하게 진행되었던 사업이다. 이를 위해 1898년 대한제국은 양지아문量地衙門을 설치하고 미국인 측량기사 크럼R.E.L. Krumn을 초빙하여 한성부의 측량을 시작하였다. 지금 서울시정보자료실에 남아있는 1908년의 한성부 지적도는 이러한 대한제국 노력의 성과로 보여진다.

다른 한편 황실의 재산을 관장하는 제실재산정리국帝室財産整理局에도 역시 측량의 인원을 배치하여 궁궐과 도성내외 제실 소유의 토지에 대한 조사를 실시하였다. 이 성과로 나온 것이 경복궁과 창덕궁, 경희궁 등의 도형圖形과 측량도, 그리고 가사를 직접 측량하여 그린 실측도 등이다. 이 두 가지 자료는 근대화되기 이전의 서울의 중세도시적 모습을 구체적으로 확인하는데 없어서는 안 되는 귀중한 자료이다.

주택에 관한 근대적 건축규칙은 개항이후 외국인의 거주가 허용된 조계(거류지)를 중심으로 도입되었으며 점차 일반 도시로 확장되었다. 일제강점기 서울의 건축과 도시에 적용되었던 건축규제는 1913년에 제정된 부령府令 〈시가지건축취체규칙市街地建築取締規則〉이 처음이었다. 이 규제는 서울로의 인구집중에 대응하여 시가지의 개념을 도입하고, 공공적 이익을 위하여 개별적인 건설행위에 일정한 제한을 가하기 위한 것이었다.

먼저 대지면적에 대한 건축 면적의 비율(이하 건폐율), 지역에 따라 개발의 방향을 지정하는 지역제, 방화벽의 규정이 정해졌다. 건폐율은 최대 80%미만으로 정해졌으며, 각 지역에 따라 건조되는 건축물에 대한 방화벽의 설치와 절대 높이의 제한과 같은 규정도 새롭게 추가되었다.

특히, 위생과 방화에 대한 규제가 강화되면서, 이를 위해 구체적으로 제시된 항목들은 도시경관의 변화에 큰 영향을 미쳤다. 유리, 함석 및 동판과 같은 철물 그리고 벽돌과 같은 근대적 건축 재료의 사용이 강제되거나 장려됨에 따라 전통 한옥의 외관도 바뀌었다. 물론 철물이나 벽돌 등 새로운 재료의 사용이 개항 이후 비로소 시작된 것은 아니다. 18세기 말부터 19세기에 걸쳐 유행한 청나라풍 건축에서 선례를 볼 수 있기 때문이다. 정조연간에 건설한 화성과 창덕궁 주합루 부근의 규장각 서고가 그 초기 예에 해당하며, 창덕궁의 선향재와 삼계동의 석파정 그리고 경복궁의 집옥재 등을 대표적인 사례로 꼽을 수 있다. 하지만 19세기 말 이후에는 새로운 재료의 사용이 일반 주택에도 빈번히 사용되었다.

유리는 바깥 공기를 차단하면서도 시야를 확보해 주어 문과 창의 마감 재료인 창호지를 대체하기 시작하였고, 함석은 처마로 흘러내리는 빗물을 한곳으로 모아 하수구로 보내기 위하여 설치한 물홈통의 재료로 사용되었다. 또, 목가구조의 취약한 부분을 보강하거나 전통의 기와지붕을 대신한 지붕재료로 금속이 활용되기도 하였다. 금속으로 만든 지붕은 기와 보다 가벼웠기 때문에 더 넓은 기둥 간격과 얇은 기둥을 한옥에 적용할 수 있게 하였다. 한편 벽돌은 기단이나 마루 아래의 동자벽 등에 부분적으로 사용되었고, 때로는 측면벽 등에서 벽 전체를 벽돌로 쌓아올리는 조적식 벽체를 짓기도 하였다.

지붕재를 불연 재료로 사용해야하는 건축 규제에 의해 〈시가지 건축취체규칙〉이 적용되는 도심부지역에서는 초가집이 더 이상 새로 지어질 수 없었던 것이 가장 큰 변화라고 할 수 있다. 나아가 우물과 변소 사이의 거리를 일정 거리 이상으로 제한하고, 변소는 오물의 수거를 위하여 반드시 도로에 면하게 하며, 집 앞의 도로는 최소 1.2m 이상의 폭을 가져야 하고, 굴뚝의 높이를 지붕보다 일정 치수 이상 높게 하는 등의 규제가 만들어졌다. 대개 우리가 현재 볼 수 있는 서울의 오래된 한옥들은 이 시기에 시행된 규제의 영향을 받아 만들어진 것이다.

2) 외래 주택형식의 소개 – 양옥과 관사

① 양옥

1876년 이후 일본인을 비롯하여 중국과 미국, 유럽 여러 나라의 상인과 외교관, 선교사 등이 개항장을 통해 조선에 들어왔다. 이들은 초기엔 기존에 있던 한옥을 빌려서 사용하였으나 점차 자신들의 생활양식에 맞는 주택과 사무실을 짓고 생활하게 되었다. 1880년대가 되면 이들 외국인들의 진출과 함께 수도인 서울에도 색다른 양식의 건물들이 지어지게 된다. 그것들은 벽돌을 이용하여 벽을 쌓고, 양철이나 함석, 슬레이트 등으로 지붕을 이었으며, 2층집들도 있었다. 처음에는 이들을 '이층집', '양철지붕집', 혹은 '벽돌집' 등 경우에 따라 다양하게 부르다가, 1890년대가 되면 바다를 건너온 새로운 형태의 집이라는 의미를 가진 '양옥洋屋'으로 부르는 사례가 점차 늘어나기 시작한다. 그러면서 거의 같은 시기에 개항 이전부터 있던 재래의 건축물을 총칭하여 '한옥韓屋'이라고 구분하여 부르게 되었다. 즉, 한옥과 양옥이라는 용어는 외래의 건축 양식이 도입된 이후에 서로 구분하기 위하여 만든 근대의 신조어이다.

외국인에 의하여 지어진 집들이 모두 벽돌집이었던 것은 아니다. 서구인들이 주로 벽돌집을 지었다면, 초기 한반도에 진출한 일본인들은 서구의 벽돌집이나 돌집을 모양만 흉내 내어 목조로 지은 의양풍疑洋風의 목조건축이나, 19세기 미국의 서부 개척 당시에 개발되어 미국인의 일본 진출과 함께 일본에 전래된 경량 목조건축 등 근대식 목조건축을 많이 사용하였다. 우리나라에 맨 처음 지어진 외래의 근대건축이라고 할 수 있는 부산의 일본영사관 건물도 이러한 근대식 목조건축이었다. 하지만 일본인들도 주택이 아닌 공공시설에서는 벽돌집을 주로 지었기 때문에 벽돌집은 곧 양옥의 대표적인 건축형식이 되었다.

이들 양옥은 집 전체를 네모반듯하게 하여 요철이 없게 하고, 가운데에 복도나 홀을 두고 그 좌우로 방들을 빽빽하게 붙인 집중식 평면을 가졌다. 따라서 방과 마루가 일렬로 길게 이어지며 ㄱ자형, ㄷ자형 등으로 꺾여 나가는 전통 한옥과는 다른 모양을 갖는다. 또, 전통적인 도시 한옥은 집 가운데 마당을 두고 사방으로 건물들이 에워싸는 형식을 취하였으나, 양옥은 집 한가운데 건물이 자리하고 그 둘레에 마당을 두는 형식으로 바뀌었다. 그러므로 양옥에서는 집 안의 내부 공간과 집밖의 마당이 엄격히 구분되어 현관을 통해서만 연결되었다. 이런 점은 전통적인 한옥에서 사용되던 온돌과 마루로 된 방을 사용하지 않았을 뿐 아니라, 각 방들이 앞뒤로 창과 문이 있어 마당과 통하게 되어 있던 것과 큰 차이를 갖는다.

근대 초기 양옥이 지어지는 상황은 1905년을 기준으로 전과 후로 나누어서 생각해볼 수 있다. 전기에는 일본과 중국뿐만 아

덕수궁 전경(위), 덕수궁 중명전(아래)

니라 서구의 여러 나라들이 제각기 공관과 상관 그리고 선교시설들을 짓는 다양성의 시기였다면, 1905년 러일전쟁에서 일본이 승리하고 을사늑약을 통하여 외교권을 강탈하면서는 한반도 내에서 일본의 주도권이 강해지며, 일본에 의한 근대 건축의 건설이 중심이 된다. 일부의 종교시설이나 상업시설을 제외한 외국 공관의 철수가 진행되는 동시에, 일본군의 주둔과 함께 일본인의 대규모 이주가 본격화된다. 이 시기 일본인의 이주는 군인·관료·상인이 중심이었으며, 이들은 일본인 군대가 주둔한 용산 및 남산에 가까운 남산의 북사면, 즉 지금의 명동 일대에 해당하는 남촌에 주로 거주하면서 일본인 거리를 만들어나갔다.

1905년 이전 고종이 머물던 경운궁(덕수궁) 부근의 정동 일대에 여러 나라의 공관이 밀집하여 이국풍의 거리를 만들었던 것과는 대조된다.

② 관사

민간의 주택은 주로 그들과 함께 온 일본인 목수가 집을 짓는 것을 담당하였으나, 관료와 군인을 위해서는 관에서 지은 관사가 제공되었다. 민간인의 주택이 아직 일본의 전통적인 목조건축으로 지어졌다면, 관사는 일본이 당시 새롭게 배운 근대식 건축으로 지어졌다는 점에서 다르다. 또, 관사는 한 번에 대량으로 건설되어 단지를 구성하는 것에서도 차이가 난다. 관리를 위한 관사와 기업의 종사자를 위한 사택은 1906년 일본이 한국에 통감부를 설치하면서 본격적으로 건설된다. 나아가 1910년 일본은 마침내 한국을 식민지화하였고, 서울에 조선총독부를 세우고 대한제국의 황실을 일본 황실의 일원으로 편입시켰다. 이후로는 조선총독부가 새로운 관청과 관사를 짓기 위하여 국유지를 마음대로 활용할 수 있게 되었기 때문에, 관사의 건축은 점점 점차 확대되어 1921년에 신축된 주택 1,495채 중 관사가 417채로 전체 신축 주택의 약 28%에 달하였다.

통감부시기에 건설된 관사지는 조선 주차군사령부가 있던 대화정(필동)과 왜성대정(예장동)의 통감부 청사 주변, 그리고 일본인들이 모여 살던 욱정(회현동)과 남산정(남산동) 등에 위치했다. 이에 반해, 총독부 시기에는 시내 중심부에 있는 태평통(태평로)이나 서대문정(신문로) 지역, 그리고 1926년 경복궁으로 총독부 청사가 이전하면서 경복궁 내의 북쪽 구역 등 국유재산으로 편입된 옛 궁궐과 구황실소유지를 주로 차지하고 세워졌다. 관사지는 여러 주택이 무리를 이루어 집단으로 지어졌기 때문에 단지 계획과 같은 새로운 주택지 계획 기법이 전해지는 계기가 된다.

관사의 건설이 우리나라 주택사에서 갖는 중요한 의미는 주문에 의하여 지어지던 이제까지의 주택과 달리 관사는 공급자가 미리 지은 다음 사용자를 구한다는 점에 있다. 즉 이제까지의 주택은 모두 주문 상품이었으나, 이제부터 주택이 기성 상품이 된다는 의미이다. 이에 따라 우선 관사는 그곳을 사용할 사람의 직위에 따라 미리 몇 가지의 유형으로 나누고 각 유형별로 표준화된 주택을 제공하였다. 대개 관사의 유형은 면적의 크기로 구분하였는데, 현재 아파트를 지을 때 30평형, 40평형 등으로 표준화시킨 상품을 개발하는 것과 같은 방식이다. 조선총독부의 경우 최상급의 관리에게는 100평 이상의 관사를 제공하였으며, 현지 고용인을 위한 최소 규모의 관사 면적도 18평에 달하였다. 18평은 한옥의 칸수로 따져서 9칸 남짓의 규모가 되므로, 조선시대의 주택 기준으로 보면 작지 않은 크기이다.

초기에 일본 식민기관의 관사는 일본의 근대적인 목조 주택의 양식을 따랐다. 한국보다 앞서 1854년에 이미 개항을 한 일본은 서구와 접촉하면서 재래의 목조 주택을 근대적으로 번안하여 일본식에 서양식을 가미한 절충식 근대 주택을 만들었는데, 이 형식을 관사에 적용한 것이다. 평면 구성은 입구에 현관을 두고 이에 연결된 복도의 좌우로 방을 배치하는 방식인데, 방의 일부에는 일본 재래의 타다미 방을 꾸며서 일본인의 생활양식에 맞추었다. 하지만 한반도에 거주하는 기간이 길어지면서 점차 한국의 기후에 맞춘 개량의 노력이 이루어졌는데, 대표적인 현지화의 노력이 온돌방을 만드는 것이다.

따뜻한 기후대에 살던 일본인들은 한겨울의 평균 기온이 영하 10℃ 이하로 내려가는 한반도의 겨울 추위를 견디기 힘들어했으며, 일본 재래의 실내 화로나 러시아의 페치카(벽난로) 난방으로는 한반도의 겨울을 나기에 적당치 않다는 사실을 곧 깨닫게 되었다. 그래서 1920년대 이후에 지어지는 관사에서는 방 가운데 하나를 한국의 전통적인 온돌방으로 꾸며서 겨울철의 추위에 대응하였다. 이와 같은 온돌의 설치는 이후에도 계속 이어져서 식민 후기가 되면 온돌방의 위치가 점점 집 가운데의 큰 방에 설치되게 된다. 주로 일본인들이 사용하는 관사에서조차 온돌방의 설치가 이루어졌다는 사실은 한반도의 기후와 온돌이 얼마나 잘 호응하는 것인지를 알 수 있다. 1945년 해방된 이후 일본인들이 남겨놓고 간 관사와 민간의 일본식 주택들은 한국인이 사용하게 되었는데, 이때 가장 먼저 한 일이 타다미방을 온돌방으로 바꾸는 일이었다.

2

주택개량운동과 도시 주거의 근대적 변화

1) 주택개량론

① 생활개선운동과 주택개량론

1920년대가 되면 한국인 사회 내부에서 외국에서 유학을 하고 온 신지식인들을 중심으로 전통적인 관습과 규범에서 벗어나고자하는 움직임이 일어나기 시작하였다. 특히 1920년 《동아일보》와 《조선일보》가 창간되면서부터 주거 환경 개선에 관한 논의가 지상을 통해 활발히 전개되기 시작하였다. 그들은 서구식 생활

방식을 이상적 모델로 삼아 봉건적 사회제도와 관습, 일상적 습속 전반에 걸쳐 대대적인 개혁과 변화를 도모하였다. 이들 초기의 주택개량론은 주택 자체의 문제를 넘어서 보다 포괄적인 생활 개선을 도모한 것으로 볼 수 있었다. 즉, 재래의 주택이 갖는 근본적인 문제가 물리적이고 기술적인 문제라기보다는 구시대의 습관과 인식을 바꾸지 못하기 때문에 비롯됨 것임을 강조하고 있었다. 그러므로 전근대적인 가족제도의 문제를 해결하기 위하여 주택을 소규모로 짓고 방을 기능에 따라 구획함으로써 가족의 단란을 도모해야한다고 주장하였다.

1920년대와 1930년대에 활발히 진행된 주택개량에 관한 구체적인 논의는 크게 두 가지의 방향으로 전개된다. 하나는 주택의 평면계획에 관한 것으로 집중식이냐 중정식이냐에 관한 것이며, 또 다른 하나는 주택 설비의 개선에 관한 것이었다. 이 두 가지의 논의가 본격적으로 시작되기에 앞서 이상적인 주거 양식을 소개하였는데, 방갈로bungalow가 대표적이었다. 방갈로는 인도의 오두막의 한 형태가 영국으로 유입되어 별장의 한 유형이 되었고, 다시 미국에서 교외 주택형으로 발전한 것으로 일본을 통해 한국에 소개되었다. 대체로 도심부에 지어지던 중층의 벽돌조나 석조의 주택이 아니라, 교외의 너른 대지에 목조로 1층이나 2층으로 지으며, 전면에 개방적인 베란다 등을 갖는 것이 특징이다.

건축 관련의 관리, 학자, 기술자들이 모여서 만든 최초의 건축

관련 단체인 조선건축회에서 발행한 기관지인《朝鮮と建築(조선과 건축)》은 1922년 6월 창간호에서부터 몇 차례 방갈로를 소개하는 글을 게재하였다. 다음 그림에서 보이는 것처럼 건물의 1층에는 베란다가 있고, 평면의 형식은 중앙 집중형이며, 실은 벽으로 모두 구획된 2층의 주택이다. 이 글을 쓴 사람들은 모두 일본인으로 방갈로 외에 미국 일리노이주에 있는 주택 등을 소개하기도 했다.

한국인 중에서도 방갈로를 소개한 이가 있었는데, 동경미술학교를 졸업하고 한성원서주식회사의 촉탁으로 있었던 김유방이다. 그는《개벽》1923년 2월호부터 4월호에 걸쳐〈文化生活과 住宅〉을 연재하였다. 2월호의 글에서 그는 문화생활이 구미의 생활양식을 그대로 본받는 것이 아니라 우리 현실에도 맞아야 하며 그러한 생활에 맞는 주택이 나와야 한다고 주장하였다. 그러기 위해 재래주택의 장점과 단점을 살펴보고 있다. 3월호에서는 구미의 주택들을 살펴보고, 4월호에서 우리가 본받아야 할 문화생활에 적합한 주택형식으로 방갈로를 꼽아 우리식으로 개조한 계획안을 소개하였다. 계획안을 살펴보면 중앙의 복도를 이용하여 각각 독립된 기능을 하도록 구획된 방들로 이동할 수 있도록 설계하였으며, 벽난로 또는 온돌을 이용하여 난방문제를 해결하였다.

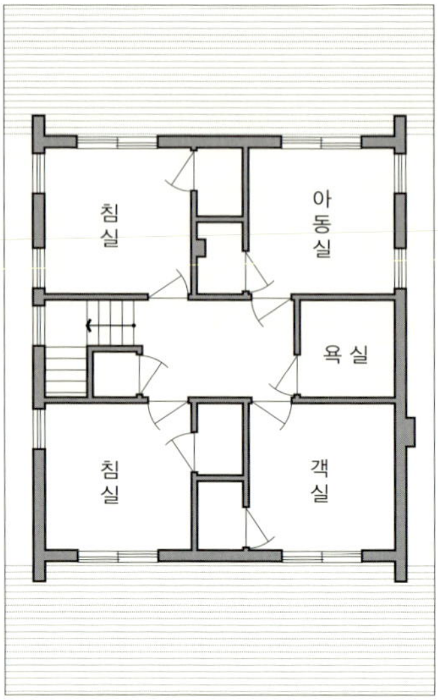

〈2층〉

〈1층〉

방갈로 주택 평면도1

(히로마의 경우는 기능상으로 현관홀에 해당한다. 그러나 일본 전통주택에서 이 용어를 사용하므로 그대로 썼다.)

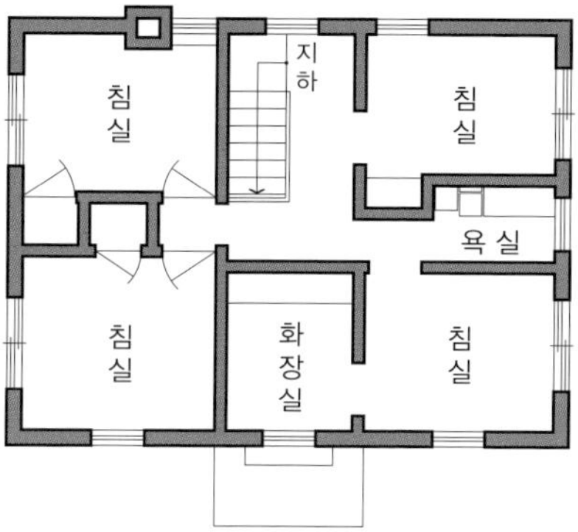

〈윗 층〉

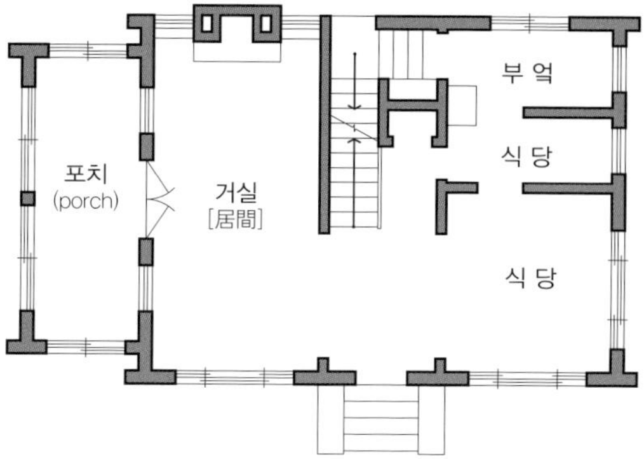

〈아래층〉

방갈로 2

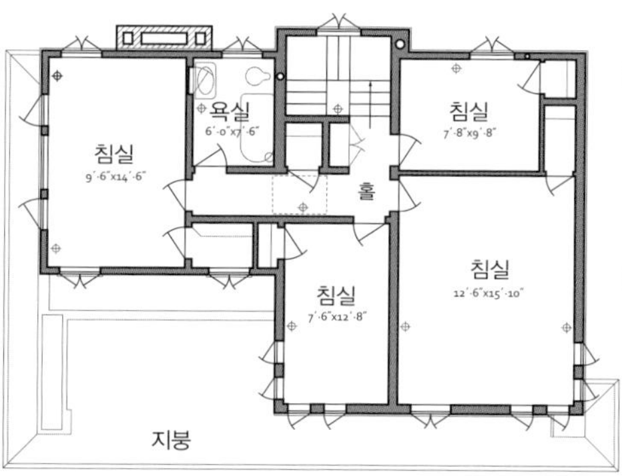

〈2 층〉

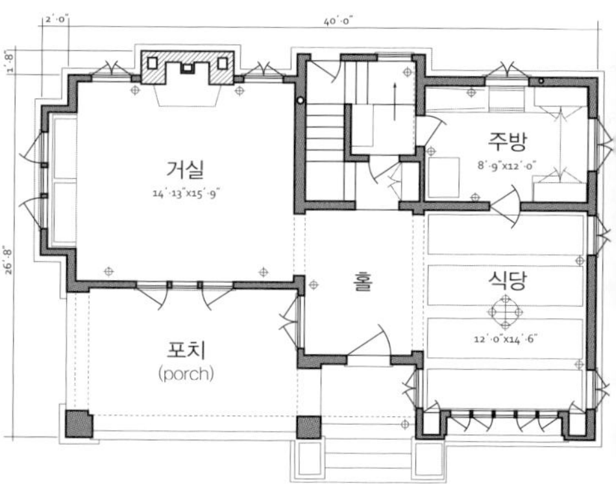

〈1 층〉

방갈로 3

② 집중형과 중정형 평면

1920년대와 30년대에 걸쳐 주택 근대화 담론을 이끌어 갔던 집단은 크게 한국에 거주했던 일본인과 일본에서 유학을 했던 한국 엘리트 집단으로 볼 수 있다. 이들은 근대화된 주택의 형식으로서, 현관과 복도를 두고 이 복도의 양쪽으로 방들이 연결되는 속복도형 집중식 평면을 중심으로 논의를 이끌어 갔다. 이러한 속복도형 평면은 원래 서양식 주택에서 유래한 것인데, 근대 초기 일본인들이 그 평면을 전통 일본 주택에 적용하여 변형한 것이다. 재래의 일본 주택은 각 방이 전후좌우로 연결된 밭 전田자형으로 모여 있고, 그 사이를 미닫이문으로 분리하였을 뿐이어서 가족 구성원 간에 프라이버시가 보장되지 않았다. 일본의 근대 건축가들은 이 문제를 해결하기 위하여 각 방을 벽으로 구획하고, 집의 가운데에 복도를 두어 각 실로 연결되는 속복도형 평면을 선호하였다.

김윤기는 1930년 《동아일보》에서 이상적인 주택을 제안하면서 몇 가지 주택 평면을 '건강주택'이라는 이름으로 선보였다. 제1안과 제2안에서 한국 건축가들이 생각한 서로 다른 복도 사용방식이 드러난다. 제1안은 일본식 속복도 주택과 같이 집의 중앙에 복도를 두어 각 실을 잇고 있다. 하지만 제2안은 ㄷ자형 한옥의 평면을 기본으로 하고, 한옥에서 원래 툇마루가 있던 자리를 실내화된 복도로 만들어 편리하게 이동할 수 있도록 하였다. 이와 같은 방식은 일본 근대의 전형적인 속복도형 주택 평면을 한옥에 맞추어 변형한 것으로 볼 수 있다.

한국인 최초의 건축가 박길룡은 1930년 9월 《조선일보》에 〈流行性의 所謂 文化住宅〉을 연재하여 주택 근대화에 대한 생각을 기술하였다. 그는 기존 우리 생활을 근간으로 하고 과학이라는 수단을 이용하여 현대 생활에 맞는 새로운 주택을 탄생시켜야한다고 주장하였다. 방향은 쉽게 말할 수 있지만, 그것을 구체화하는 과정에서는 수많은 대안들이 가능했다. 박길룡의 연재 글에서도 우리나라의 현실에 맞는 주택에 관한 근본적인 고민의 흔적을 볼 수 있다. 그 고민의 바탕에는 주택의 기본적인 평면배치에 있어서 중정형이냐 집중형이냐에 대한 선택이 있다.

1933년에 발표된 〈在來式 住家改善에 對하여〉를 보면 중정식과 집중식을 비교한 후, 앞으로 지향해야할 평면배치를 개량식이자 문화식 배치인 집중식이라고 말하고 있다. 즉, 우리나라의 주택 배치 방식에는 중정식과 집중식이 있으며, 대규모의 주택에는 중정식이 가능하지만 소규모의 주택에는 집중식이 합리적이라고 주장하였다. 특히 도심에는 소규모 택지에 집을 짓는 경우가 많은데, 각 실의 통행을 속복도로 연결하는 집중식 주택 평면은 주택의 부지를 비교적 덜 사용하여, 주택 주변에 공지를 만들 수 있는데, 이는 건물의 채광과 통풍을 원활하게 돕고, 정원의 효과도 기대할 수 있다고 주장했다.

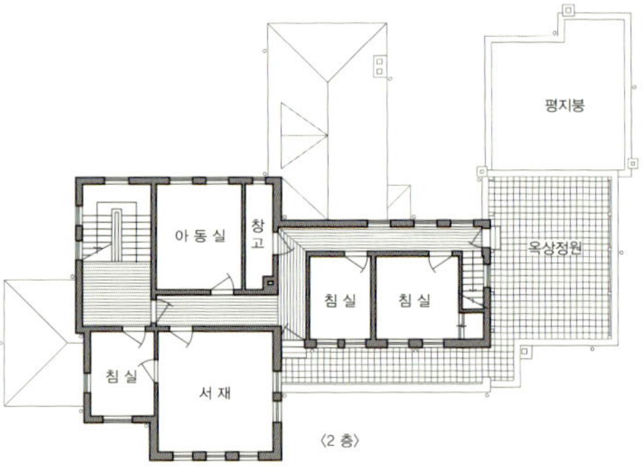

김연수 주택의 사진(상)과 평면도(하)
(오시이레는 벽장으로 번역할 수 있지만, 우리나라의 전통적인 주택에서의 벽장이나, 현대 주택에서의 벽장과는 다르기 때문에 오시이레라고 그대로 썼다.)

실제 주택의 개량안을 제시하는데 있어서 박길룡은 두 가지 모두에 대한 개선안을 내놓는다. 중정식 주택 개량안의 대표적인 사례는 경성과 개성 지방의 주택들에 대한 안들이었는데, 중정을 중심에 두고 ㄱ자형 또는 ㄷ자형을 하고 있는 평면배치였다. 또한 1929년 그의 설계로 지어진 김연수 주택은 집중식과 중정식을 접목하는 시도를 보여준다. 김연수 주택의 전체적인 모습을 보면, 현관-객실-식당(1층), 서생실書生室(남자 하인의 방, 지하), 서재-예비실-침실(2층)으로 구성되는 접객부분과 안방-노인실-주방-배선실-하녀실-욕실-화장실(1층), 침실(2층)으로 구성되는 가족의 생활공간으로 크게 나뉘어져 있는데, 그 중 생활 부분의 배치는 전통 한옥의 중정형에서 유래한 ㄷ자형 배치를 하고 있다.

이후 한동안 그의 주택작품에는 중정식보다는 집중식 평면 배치를 집중적으로 설계했던 것으로 보인다. 예를 들어 1932년에 발표된 김명진 주택은 현관, 히로마[廣間], 계단, 사무실, 서재로 이루어진 접객공간이 앞에 있고, 그 뒤로 생활공간을 두어 공적 공간과 사적 공간을 구분하였다. 또 생활공간은 가운데 복도를 두고 한쪽으로는 온돌과 아동실, 하녀실, 침실 등 중요한 방을 두고, 다른 한쪽으로는 주방, 식당, 욕실, 변소 등의 서비스영역을 배치하는 전형적인 속보도형 구성을 가지고 있다.

하지만 1943년 《朝鮮社會事業》 제21권 1호에서 그는 조선풍 주택에 대한 일반적인 재래식 주택평면도 한 가지와 개량안 세

욕실
변소
주방
하녀실
복도
아래층
식당
위층
도마 [土間]
아동실
위층
온돌
현관
선룸(sunroom)
평지붕
침실
복도
아래층
위층
침실
사무실
서재

김명진 주택의 평면도

가지를 보여주고 있다. 이것들은 모두 툇마루를 복도처럼 이용하여 각 실의 이동을 편리하게 하거나 마당을 실내화하여 집중형 평면으로 바꾼 것으로, 전통한옥의 개량에 대한 그의 꾸준한 열의를 보여준다.

③ 주택 설비의 개량 논의

주택개량에 대한 논의에 있어서, 세부적으로는 주택설비의 개량을 둘러싼 기계적 근대화의 논의도 빼놓을 수 없다. 그 내용은 크게 온돌개량문제, 부엌개량문제, 변소개량문제 등 세 가지로 구분해 볼 수 있다.

이중에서 온돌개량에 관한 문제는 일제강점기 전반에 걸쳐 지속적인 관심의 대상이었다. 당시 신문 및 잡지를 보면 온돌로 인한 화재, 폭발 사건이 빈번하게 발생했던 것으로 나타난다. 《朝鮮と建築》에 실린 논문의 1/3 이상이 온돌의 개량에 대한 것이었다는 사실은 온돌에 대한 당시의 관심을 잘 보여준다. 이에 대해 일제는 온돌개량방법을 발표하거나 개조온돌 제조강습회를 열고 개량온돌을 선전하는 포스터를 배부하기도 하였다. 하지만 매년 발생하는 온돌관련 각종 화재 및 폭발 사고와 온돌의 설치로 인해 생기는 비위생적, 비경제적 측면은 온돌폐지론의 목소리를 키우기도 하였다.

그럼에도 불구하고 한반도의 추운 기후에 온돌만큼 적합한 난방방식이 없다는 인식은 쉽게 사라지지 않았다. 이훈우와 식산은행 영선과장은 온돌 사용으로 인한 환기 문제를 지적하면서도 창문과 같은 장치를 이용하여 개선할 수 있다고 주장하였고, 김유방은 온돌이 중국의 캉炕과 유사하나 온돌이 더욱 진화된 형태라고 하고, 바닥형태를 다다미로 바꾸자거나 난방장치를 스토브로 바꾸자는 일부 전문인들의 의견을 반대했다. 건축가 박길룡 또한 한국 사람의 생활에는 온돌이 적합하다고 말하면서, 생활이 반영된 조선의 정서가 깃들어 있다고 주장했다.

부엌의 개량은 온돌의 개량만큼이나 많은 건축가들의 관심 주제였다. 이훈우는 부엌을 안방과 인접시키는 것은 음식을 만드는 부인이 안방에 거처하므로 필요하기는 하나, 관리 뿐 아니라 미관적 측면에서 집채의 뒤에 두는 것을 제안하였다. 반면 김유방은 한국의 주방이 가장 많은 결함을 갖고 있지만, 부엌을 눈에 띄기 쉬운 곳에 두고 우리 민족이 음식을 존중히 하는 습관을 살릴 수 있도록 하는 것이 필요하다고 역설하며, 주방은 주부의 작업실이나 주인의 서재와 같이 취급하는 것이 필요하다고 주장하였다. 그리고 물을 사용하는 욕실과 인접한 곳에 두어서 공간을 합리적으로 개선하는 방안을 제안하였다. 건축가 박동진은 주방에서의 배수대, 조리대, 배선대 등이 필요하고, 흙바닥으로 되어 있는 부엌을 좀 더 위생적으로 개선하기 위하여 채광, 통풍, 환기 등에 힘써야 한다고 주장했다. 특히 음식의 부패 방지를 위해 서쪽 부엌보다는 동북쪽을 택하자는 흥미로운 주장을 하기도 했다.

박길룡은 재래 부엌이 안고 있던 여러 문제점들에 대해 구체적인 부엌 개량안을 제시하였다.

廚에 對하야 (三)

朴吉龍

三、改善의必要

廚에 對하야(부엌에 대하여)

그는 1932년 8월 《동아일보》에 6회에 걸쳐 〈廚에 對하야(부엌에 대하여)〉라는 글을 연재했는데, 1회와 2회의 글에서는 한반도 북부지방과 서울지역의 재래식 부엌을 사례로 들며 우리 부엌이 고쳐야 할 점들을 설명하고 있다. 그는 북부지방의 부엌은 '정지간'으로 불리는데 이것은 통 칸으로 구성되어 있어서 가장 효율적이라고 말하고 있다. 반면에 서울지역의 부엌은 "주廚가 주廚의 기능을 다 갖지 못하고 대청과 뜰을 방房까지라도 합하여야만 주廚의 목적을 달達케"된다면서 그 문제점을 지적하고 있다. 즉, 그는 식사를 하는 식당의 공간을 포함하여야 비로소 완전한 주廚가 된다고 보았던 것이다. 그는 이러한 경성지방 부엌의 문제점들을 3회에서 6회에 걸친 글에서 개선책을 내놓고 있다. 특히 4회의 글에서 위치, 방향, 면적, 출입구, 창호, 구축, 기타 척도 등으로 나누어 자세히 다루고 있다. 5회와 6회의 글에서는 부엌 설비의 종류를 소개하며 구체적인 대안을 제시했다. 아궁이 난방의 사용으로 인해

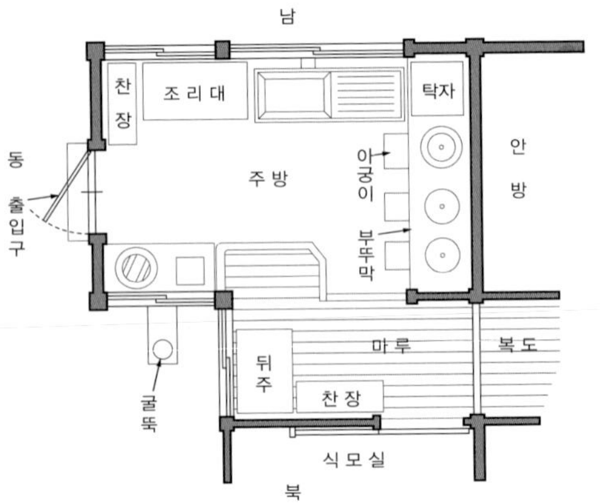

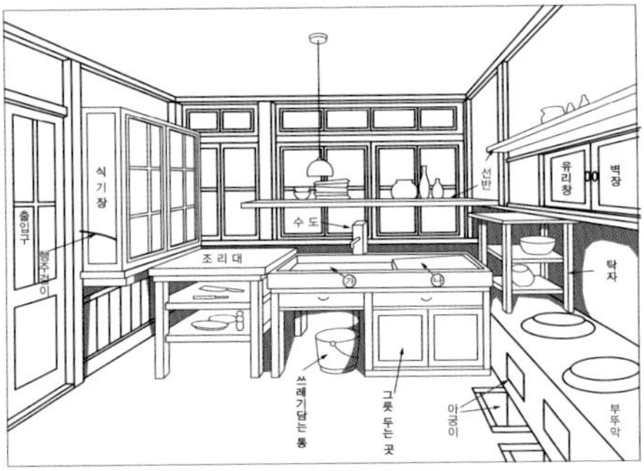

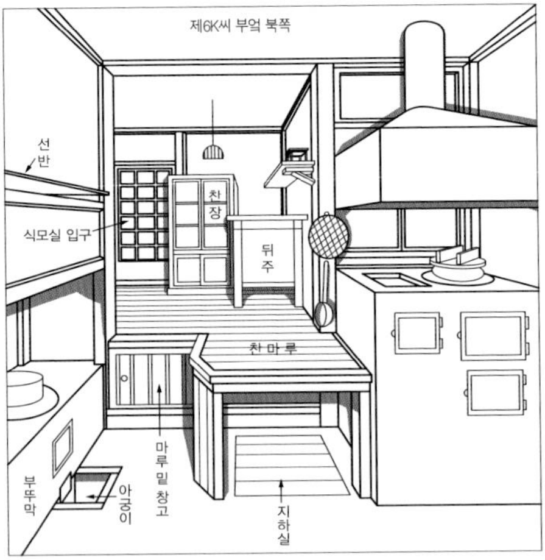

박길룡이 제시한 부엌 개량안

부엌의 바닥은 아직 실내 공간의 바닥보다 낮게 되어 있지만, 조리대와 배선대 등이 입식의 작업에 적당하게 조정되어 있고, 환기구를 설치한 것도 눈에 띈다.

일찍부터 변소는 전염병의 발원지로 인식되었기 때문에 주택에 있어 우선적으로 개량되어야 할 부분으로 인식되고 있었다. 1913년에 제정된 〈시가지건축취체규칙〉에서도 변소의 설치를 의무화하는 항목을 비롯하여 변소의 위치, 구조, 재료에 관한 항목이 규정되어 있었다. 이와 더불어 건축가들은 변소에 관한 구체적인 개선안을 제시하였다. 박동진은 변소를 본가로 들이는 것이 필요하다고 하면서도, 이를 위해 변기를 콘크리트나 벽돌로 만들어 소변과 대변의 흡취구를 구분하고 냄새는 벤틸레이터ventilator로 해결하자고 주장하였다. 박길룡은 변소의 위치를 북향으로 하고 현관에서 멀지 않아야 오물을 처리함에 편리하다고 주장하였다. 그 규모도 변소칸과 소변소 및 세면소로 나누어 사용하도록 제안했다.

이 밖에도 다양한 주택개량에 관한 담론이 있었다. 주택 대지에 관해서는 김윤기, 홍윤식이 제안하였는데, 주거지의 자연환경뿐만 아니라 통근거리와 교통, 주변 편의 시설 및 공공시설, 도로의 위치 등을 고려하여 부지를 선정하여야 한다고 주장하였다.

2) 문화주택

① 문화주택의 도입

이와 같이 생활개선운동의 일환으로 진행된 주택개량 논의가 실제로 주택에 반영되는 것에는 두 가지의 경로가 있었다. 하나는 서구적인 모델을 한국의 풍토 환경에 맞도록 조정한 문화주택의 사례이고, 다른 하나는 재래의 한옥을 근대적으로 변화시켜 만들어낸 도시형 한옥의 경우이다. 그리고 이것은 이후 한국의 주택사에서 각각 근대식 양옥과 근대식 한옥이 등장하는 첫걸음이 된다.

'문화주택文化住宅'은 1920년대 이후 일제강점기에 지어진 근대식 양옥을 말한다. 특히 당시 한반도에 새롭게 등장한 주택개발업자들이 자신이 지어서 분양하는 주택들에 즐겨 사용하였다. 이 용어는 서구화가 곧 근대화이고 문명화라고 믿었던 일본의 근대주의자들이 서구식 생활의 보급을 위하여 붙인 선전용 명칭이다. 침실과 식사실, 가족실 등 각 방을 기능별로 분리하고, 아동실을 별도로 만들었을 뿐 아니라, 주방과 변소와 욕실 등에는 근대식 설비가 마련되었다. 이들의 방들은 기능별로 향과 위치가 결정되어 주된 방들을 햇볕이 잘 드는 전면에 배치하고 복도를 사이에 둔 후면에는 부속실들을 두었다. 외관은 대개 1층으로 경사지붕을 가지고 있으며, 벽은 벽돌벽이나 목조의 판벽으로 하고, 지붕

재료는 시멘트 기와나 슬레이트 등을 사용하였다. 단지로 개발하면서 단지 내 길과 필지의 계획도 함께 이루어졌는데, 대개 두 줄로 필지를 쭉 배열하고 그 사이로 길을 낸 직사각형의 형태를 갖도록 하였다. 앞서 살펴 본 관사와 함께 문화주택은, 대규모로 개발되어 주거단지를 형성하며 집을 가운데 두고 둘레에 마당을 두는 집중형 배치를 갖는다는 면에서 같은 계보로 볼 수 있고 현대 한국 주택 양옥의 뿌리가 된다.

이들 새로운 문화주택이 일반 시민들의 주택 형식으로 자리 잡는 데는, 앞서 설명한 주택개량론과 같은 계몽 활동 외에 박람회를 통한 소개가 큰 역할을 하였다. 신문과 잡지 등을 통해 전개된 주택 개량에 대한 논의가 일반인들에게 실물로 선보이는 계기를 마련한 것이 박람회였다. 지면을 통해 소개되는 내용은 일반인들이 입체적으로 파악하기 어려운데 반하여, 박람회에서는 실물을 직접 지어서 선보이기 때문에 모델하우스 역할을 하기 충분하였다. 박람회를 통한 근대식 주택의 실물 전시는 1922년 도쿄 우에노 공원에서 열린 평화기념동경박람회 문화촌文化村이 처음으로, 이를 통해서 새로운 주택양식으로서 문화주택이라는 개념을 소개하는 계기가 되었다.

평화기념동경박람회에서는 일본의 중류계층을 겨냥한 서양식 1~2층, 20~30평 내외 규모의 소주택 14동이 실물로 전시되었다. 이 실물주택들은 서양식과 일본식 생활방식이 공존하는 이중 생활의 해소, 새로운 실구성과 배치, 가족생활공간으로서의 주택 조성 등 그동안의 일본 주택개량운동에서 제기되었던 과제에 대한 구체적 해법을 보여주는 것이었다. 건물은 서양식 외관을 갖고 1층은 가족 공동실로, 2층은 침실로 구성되었으며, 14채 중 9채는 내부에 다다미방이 함께 계획되었다.

이 전시는 한반도에 문화주택의 개념을 알리는 계기가 되었고, 이후 한반도에서도 문화주택에 관한 전람회 및 박람회가 개최되었다. 우선 1922년 조선건축회가 "조선의 중류가정으로서 문화생활에 적합한 개선주택 설계도안 모집"이라는 모토 하에 진행한 개선주택설계도안 현상공모에서 당선된 21개 작품이 1922년 문화주택도안전람회에 전시되었다.

당선작 중 9점의 도면은 《朝鮮と建築》에도 다시 게재되었다. 모두 1층 혹은 2층 규모에 연건평은 30평이하였는데, 일본의 경우보다 다소 큰 규모였다. 구조적으로는 확인되지 않는 것과 블럭조, 목조를 제외하면 5건이 벽돌조로 설계되었다. 온돌을 설치한 것이 1건이 있고, 5건에서 페치카 등의 난방장치가 설계되었는데, 이는 조선의 기후를 고려해서 조정한 것으로 판단된다. 하지만 당시에는 아직 한국인 건축가가 등장하지 않아 주로 일본인들이 참여하였으므로, 다다미, 히로마[廣間], 자시키[座敷] 등 일본 재래주택의 실 배치가 그대로 나타나고 있었다.

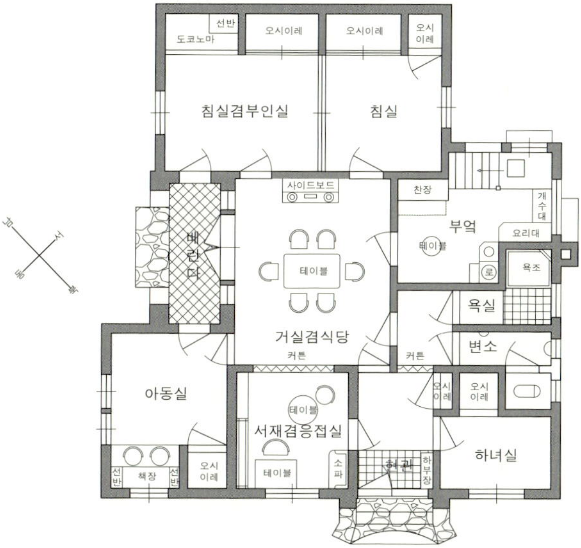

1등 당선작 미쿠니 도시미치[三國利道]의 안 – 거실 겸 식당을 중심에 배치한 사례
(도코노마와 자시키는 일본 전통 주택에서의 용어를 그대로 사용한 것이니 만큼, 번역하지 않았다.)

1929년 경복궁에서 개최된 조선박람회에는 조선건축회가 기획한 3채의 문화주택이 전시되었는데, 이는 한반도에서는 최초의 주택 실물 전시였다. 1922년 개선주택 현상공모로 시작된 조선건축회의 주택개선운동이 실물주택을 통해 공개적으로 평가받는 자리였다. 조선건축회는 한국에 거주한 일본인 중산계급을 소비자로 상정하고 한국의 기후를 잘 견딜 수 있는 주택을 전시하는 것을 목표로 하여, 박람회 개최 6개월 전부터 주택 출품을 준비하였다. 실물주택의 규모는 20평~40평 규모의 단층 또는 2층집으로 결정되었다. 또한 이전에 일본에서 열렸던 박람회의 실물주택들은 전시 후 처분에 문제가 있었기 때문에, 조선건축회는 주택건축희망자를 모집하여 전시가 끝난 뒤에는 예정된 부지로 옮겨서 실제로 주택으로서 기능하도록 하였다.

1호 주택은 33.5평의 벽돌조 1층, 2호 주택은 37.36평의 목조 2층, 3호 주택은 33.57평의 목조 2층으로 지어졌다. 유일하게 단층이자 벽돌조 건물인 1호 주택의 공사비는 평당 170원으로 가장 높았고, 중복도를 두고 동쪽에 온돌, 서쪽에 양식 응접실을 두었다. 1호 주택을 설계한 오다공무점[多田工務店]은 경성에 다수의 건물을 설계 및 시공한바 있으며, 이후 사쿠라가오카[桜ヶ丘, 신당동] 1차 분양지에 견본 주택의 시공을 담당하기도 하였다. 2호 주택의 각 실은 일렬로 배치되었고 평면은 중정을 둘러싼 ㄷ자형에 가깝게 설계되었다. 3호 주택은 속복도를 두고 남쪽에 응접실, 거실,

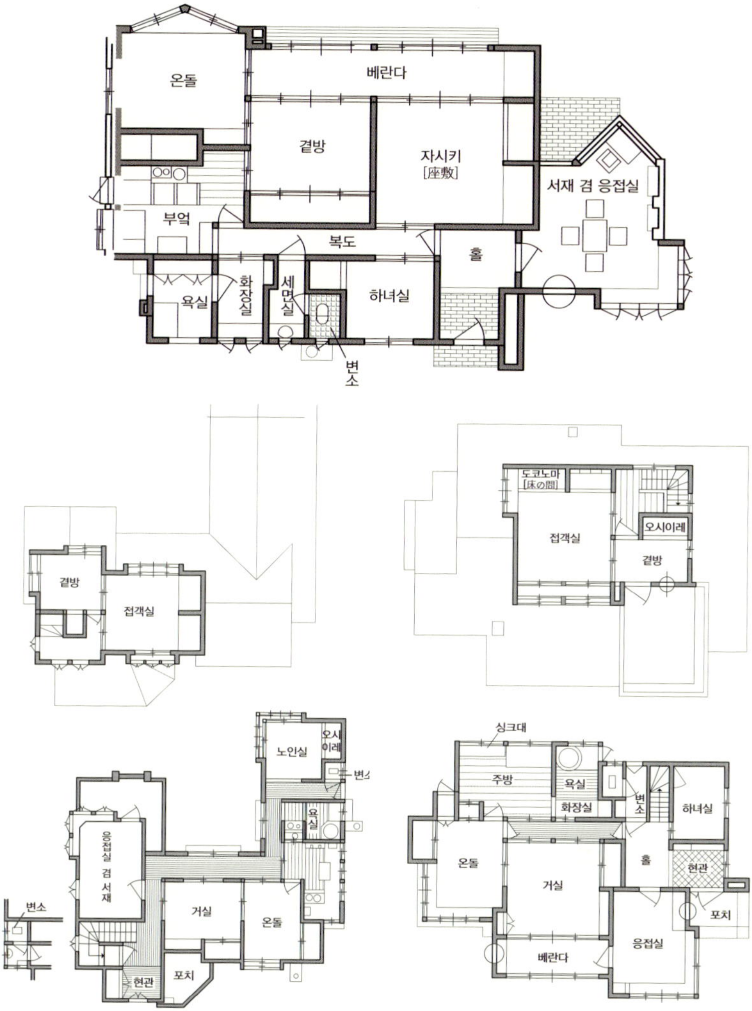

1929년 조선박람회에 전시된 문화주택 평면 1호 주택 평면(맨 위), 2호 주택의 2층과 1층 평면(왼쪽 아래), 3호 주택의 2층과 1층 평면(오른쪽 아래)

온돌, 북쪽에 부엌, 화장실 등을 두었다.

문화주택에서는 목골철망 시멘트조(나무로 골조를 짜고, 철망을 가운데 두고 시멘트를 발라 벽을 만든 구조), 벽돌조, 철근콘크리트조 등 새로운 재료와 구조가 시도되었다. 목골철망 시멘트는 가장 저렴하게 서양식 외관을 흉내낼 수 있다는 점 때문에 문화주택의 재료 및 구축 방식으로 채택되었다. 그러나 목골철망 시멘트조는 내한耐寒 성능이 충분하지 않고, 당시에 막 보급되기 시작하였던 철근콘크리트조는 건설비가 비쌌기 때문에, 저렴한 벽돌조가 문화주택에 맞는 최적의 구축 방식으로 인식되었다.

② 문화주택지 개발

문화주택은 개별적으로 보급되기 보다는 단지로 이루어진 문화주택지로 개발되었다. 초기에 문화주택지는 도시 주변부 교외 지역에 위치한 일본인 중상류층의 고급 주택지로서 개발되었다. 일본에서 문화주택은 도시 중산층을 위한 것이었으나, 식민지에서 비슷한 생활을 누릴 수 있는 사람은 일본인과 일부 한국인 특권층에 한정되었다. 주택지로는 주로 남산과 낙산, 대현산 등 성벽 주변 산자락이 선정되었다. 도시의 밀집한 환경을 벗어나 채광과 통풍에 유리한 새로운 주택지를 찾아 나섰다는 점에서 일본의 교외주택지 개발과 유사하지만, 일본에서는 주로 사철私鐵의 건설과 함께 교외에 개발된 것에 비하여, 서울에서는 시내에

조선도시경영주식회사가 설계 시공하여 사쿠라가오카에 지어진 주택

서 가까우면서 개발이 안 된 토지여야 했기 때문에 주변의 구릉지를 선택하였다. 문화주택지의 개별 필지 규모는 대개 100~120평 정도였고, 40~80평 사이의 규모의 주택이 지어졌다. 이곳에는 1929년 조선박람회 문화주택 실물전시에 출품된 주택이나 주택 개발회사가 제시한 최신 유행의 주택들이 지어지게 되었다.

1925년 신당리에 세워진 경성문화촌은 서울에서 문화주택지 개발이 본격화됨을 알리는 것이었다. 특히 서울의 동부에는 경성문화촌 이외에도 동소화원東昭和園주택지, 청계대淸溪臺주택지, 무학정舞鶴町주택지, 사쿠라가오카[櫻ケ丘]주택지, 마츠가오카[松ケ丘] 주택지 등이 개발되어 공동묘지나 자갈밭이 펼쳐져 있던 지역을 교외주택지로 새롭게 변화시켰다. 이러한 문화주택지에는 새로운 주거문화의 실험장으로서 서양식 외관을 갖는 당대 최신 유행의 주택들이 지어지게 되었고, 자동차가 다닐 수 있는 새 도로가 나고 최신의 설비가 갖추어져 편리하고 세련된 생활을 영위할 수 있는 선망의 주택지가 되었다. 거주자들은 대부분 일본인이었으나 일부 유학을 마친 한국인들이 거주하기도 하였다. 단지 내에는 자동차 도로 외에도 수도, 가스, 가로등 등이 완비되었으며, 사쿠라가오카 같이 비교적 큰 주택지의 경우 학교와 어린이놀이터도 설치되었다.

주로 일제에 의해 대규모로 개발된 문화주택지 내의 주택 평면은 속복도를 집 가운데 두고, 캬쿠마(客間-접객실)와 이마(居間-거실),

죠추베야(女中部屋, 하녀방)를 두었으며, 입식의 응접실과 온돌방도 하나씩 배치한 한·양·일 절충식이었다. 건축 재료의 측면에서 한반도의 기후풍토 조건에 알맞도록 한국산 재료를 연구하여 실용화하려고 했던 점이 새로운 시도라고 할 수 있다.

문화주택의 등장은 일반 대중에게 주택의 외관에 관한 직접적이고 강렬한 인상을 주었다. 문화주택은 평면 형식뿐만 아니라 외관과 구축방식에서도 기존 한옥과는 크게 다른 것이었다. 경사지붕 위에는 도머창(dormer window, 지붕 위의 돌출 창)이나 벽난로 굴뚝이 올라가고, 전면의 포치(porch, 현관 앞의 지붕이 덮인 외부 공간)에는 하얀 퍼골라(pergola, 넝쿨식물이 자라도록 만든 틀)와 화분이 있으며, 응접실 부분에 돌출 창이 있는 외관은 서구식 주택 외관을 상징하는 형태로 간주되었다. 1920년대에는 빨간 급경사 지붕에 도머 창, 하얀 시멘트벽의 주택 외관이 많았고, 1930년대에는 비교적 완만한 경사 지붕에 수평선을 강조하고 원형 창을 뚫은 외관이 유행했다. 이와 같은 주택의 이미지는 해방 후에도 여전히 이어져 단독주택을 설계하는 데에 있어 주요한 요소가 되었다. 또한 이 시기에 구획된 필지는 이후에도 그대로 남아 그 위에 단독주택과 다세대 주택, 근린 상가 등의 건물이 세워져 현재도 그 흔적이 남아 있다.

3

1920~1930년대 도시화와 주택지의 개발

1) 도시인구의 증가와 주택난

19세기말 개항에 의해 서양식 주택과 일본의 근대식 주택이 소개되었고 1905년 이래 1910년대까지는 이주하는 일본인을 위한 관사가 새로운 주거 형식으로 한반도에 도입되었지만, 이것들은 모두 외국인을 위한 것으로 한국인의 일상생활을 위한 주택이라고 볼 수는 없다. 같은 시기 한옥에서는 금속과 유리, 붉은 벽돌과 같은 근대적 재료를 부분적으로 적용한 개량이 이루어졌을 뿐이다.

하지만 1920년대에 본격적인 도시화가 이루어지면서부터 일반적인 도시주거의 양상이 달라지기 시작하였다. 이 시기의 도시화는 일차적으로 농촌 인구의 도시 이동 그리고 일본인들의 이주에 의하여 인구가 급격히 증가하면서 이루어졌다. 늘어나는 인구를 감당하지 못하여 주택난을 호소하는 상황은 이미 1920년대 중반의 신문 기사에서 보이기 시작한다. 총독부의 인구통계를 보면, 1915년 경성부의 인구가 24만 1,085명이었던 것이 1920년에는 25만 208명으로 5년 사이에 겨우 9,000명 늘었을 뿐이지만, 이후 1925년에는 30만 2,711명, 1930년에는 35만 5,429명, 1935년에는 44만 3,876명으로 매 5년 단위로 5만 명 이상 급격히 늘어나기 시작하였다.

이 같은 상황에 대응하기 위하여 1936년 조선총독부는 경성부의 영역을 대폭 확장하는 행정구역 개편을 실시하였다. 조선시대 한성부의 영역은 도성에 더하여 도성 밖의 성저십리城底十里를 포괄하는 구역이었는데, 일제는 1914년 이를 대폭 축소하는 한편 도성 내부 지역에 더하여 도성 밖으로는 일본군의 주둔지였던 용산 일대만을 경성부의 관할에 두었다. 이는 국권을 잃으면서 서울이 한 나라의 수도로서의 지위를 잃고, 경기도의 일개 지방 도시로 격하된 데 따른 결과였다. 하지만 한반도 중심으로서의 서울의 위상은 변하지 않아, 1920년대 도시화가 진행되면서 서울로의 인구 집중은 갈수록 심화되었다. 마침내 1936년 조선총독부는 경성부의 행정구역을 기존의 약 3.5배로 확장하였다. 이때 동북쪽으로는 동대문 밖에서 청량리에 이르는 지역이 편입되고, 남쪽으로는 용산 서쪽의 마포와 연희동 일대를 포함하는 한편, 한강을 건너 여의도와 영등포 일대가 경성부로 포함되었다. 새롭게 확장된 동북부와 서남부 일대는 공업지대로 개발되었으며, 그 안에 주거지가 포함되었다. 신설동·보문동 일대와 신촌 일대 등이 이때 새롭게 편입된 대표적인 주거지이다.

이러한 상황에서 1920년대 중반 이후 서울에는 집을 대량으로 공급하는 주택건설업체가 등장하게 된다. 이들은 개량된 양옥이라고 할 수 있는 문화주택을 공급하는 일본계 회사와 표준화된 한옥을 공급하는 한국계 회사로 나누어 볼 수 있다. 그리고 이들이 주택단지로 개발한 곳은 도성 내에 자리 잡은 옛 상류층의 주택지와 도성 주변의 구릉지이다. 도성 내에 자리한 옛 고위 관료나 왕족 등 상류층의 저택에는 수백 평에서 수천 평에 이르는 대규모 토지를 포함하고 있었는데, 이들의 집을 사서 30~40평 규모로 필지를 작게 분할하여 최대 수십 채에 이르는 작은 한옥 단지를 지어 분양하였다. 또 능선을 따라 형성된 옛 한양도성의 주변부는 경사가 급한 구릉지였기 때문에 미개발지가 많았는데, 이를 택지로 개발하여 주택단지로 조성하였다. 이 곳은 경사지를 선호하는 일본인의 주거 선호와 맞아 주로 문화주택들이 들어섰다.

하지만 1930년대 후반이 되면 더 이상 도성 내부나 도성 주변부로는 필지가 남지 않게 되었고, 마침 1936년에 이루어진 도시구역 확장에 의해 새로 경성부로 편입된 주변의 농경지와 산기슭에 대규모의 택지개발 사업이 행해졌다. 새롭게 도시를 이루는 일이었기 때문에 도로를 개설하고 전차 노선을 새로 만드는 등 교통망을 정비하고 상하수도를 갖춘 근대적인 주택단지가 주변부에 개발되었다. 주택단지의 건설을 촉진하기 위해 경성부는 1937년 사유지를 대상으로 하는 "토지구획정리사업"을 시행하고, 1939년에는 부유지府有地를 대상으로 하는 "일단의 주택지 경영사업[一團ノ住宅地經營事業]"을 실시하였다. 이 두 가지 사업으로 동대문과 동소문 밖의 동부지구와 서대문 밖의 신촌 일대, 그리고 한강 이남의 남부 지역에 대단위 주택단지가 조성되었다.

이들 새롭게 만들어진 주택단지 안에도 도시형 한옥과 문화주택이 자리하였다. 이어서 1937년 만주사변을 계기로 1938년 일제가 〈국가총동원법〉을 제정함에 따라, 한국은 전시체제로 진입하게 되었고 물자와 인력의 중앙 관리가 시작되었다. 1941년에는 조선주택영단이라고 하는 반관반민의 단체가 만들어져 이들이 직접 주택을 지어서 노동자에게 공급하는 사업이 실시되었는데, 이들 영단주택 역시 새롭게 조성된 택지 안에 자리하였다.

이 시기가 되면, 기존의 시가지건축취체규칙만 가지고서는 도시지역에서의 건축 행위에 대한 감독이 어려워져서 좀 더 강화된 법령이 새로 제정되었다. 그것이 1934년 6월에 공포된 〈조선시가지계획령朝鮮市街地計劃令〉이다. 이때는 소방차의 진입 등을 염두에 두고 모든 주택은 최소한 폭 4m 이상의 도로에 면하는 것을 원칙으로 삼아 좁은 골목길에 집이 면하는 것을 금지하였고, 건폐율의 규정도 좀 더 강화되었다. 이 규정은 1962년 새로운 건축법이 마련되기 전까지 한반도의 도시지역에 적용되었다. 그러므로 서울에 있는 오래된 한옥지구에서도 도로 폭이 4m 이하인 곳은 1934년 이전에 이미 개발된 지역이고, 그 이후에 개발된 곳은 모두 최소 4m의 도로 폭을 유지하고 있다. 이렇게 상대적으로 넉넉한 도로 폭은 1990년대 이후 유행한 재개발 사업에 훨씬 더 유리하였기 때문에, 1934년 이후에 조성된 한옥주거단지가 그 이전에 조성된 곳보다 먼저 재개발되었다. 이와 같은 상황은 오래되고 낙후된 곳이 먼저 재개발되고 상대적으로 나중에 개발된 곳이 나중에 재개발 된다는 일반적인 가정을 뒤집는 현상이다.

2) 토지구획정리사업과 일단의 주택지 경영사업

1934년 〈조선시가지계획령〉이 반포되어 한반도 내 43개 도시에 적용되고, 1937년부터 전국적으로 토지구획정리사업이 시행되었다. 경성부의 경우, 1937년 1차 구획정리지구로 돈암지구 68

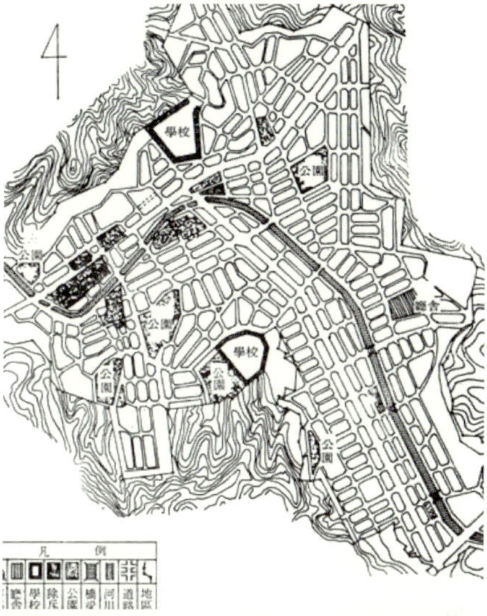

돈암지구 토지구획정리계획 평면도(위)
3열로 이루어진 돈암지구 도시형 한옥 블록(1972년 항공사진)(아래)

만 3,000평, 영등포지구 159만 1,000평, 대현지구 47만 7,000평이 지정되었고, 돈암과 영등포지구는 1937년, 대현지구는 1938년부터 사업이 진행되었다. 일제강점기에 경성에서 계획된 토지구획정리지구는 모두 10개 지구이지만 실제로 해방 이전에 실행이 완료된 지구는 앞의 3개 지구이다.

돈암지구의 경우 7만에서 10만의 인구를 수용하기 위해 전체 면적이 주거지로 계획되었다. 주거지 안에는 학교, 공원, 공설시장이 함께 계획되었다. 계획 과정에서 기존 거주민들이 살던 영역은 어느 정도 구획정리지구에서 제외되었으나 기존 가옥 1,200호가 이전되는 것도 피할 수 없었다. 토목회사 나카무라구미[中村組]에서 공사를 진행하였고, 1939년 토지소유자들이 토지분양조합을 설치하여 택지분양을 개시하였다. 이때 분양 가격은 당시 민간분양지에 비해 높은 가격에 책정되었다.

본격적인 돈암지구 주택 건설이 언제 이루어졌는지는 확실하지 않으나 이미 1939년 초반부터 일부 주택이 지어지기 시작했을 것으로 추정되고 있다. 주거지 내에는 도시형 한옥, 문화주택, 영단주택 등 다양한 유형의 주택이 지어졌다. 도시형 한옥의 경우, 북촌지역의 사례와 같이 자금을 보유한 주택경영회사들이 대량으로 토지를 매입하고 주택을 지어 분양하는 방식으로 건설되었다. 대로변을 중심으로 한옥상가가 지어졌고 그 안쪽으로 ㄷ자형 혹은 연립의 도시형 한옥들이 들어섰다. 돈암지구의 각 블록

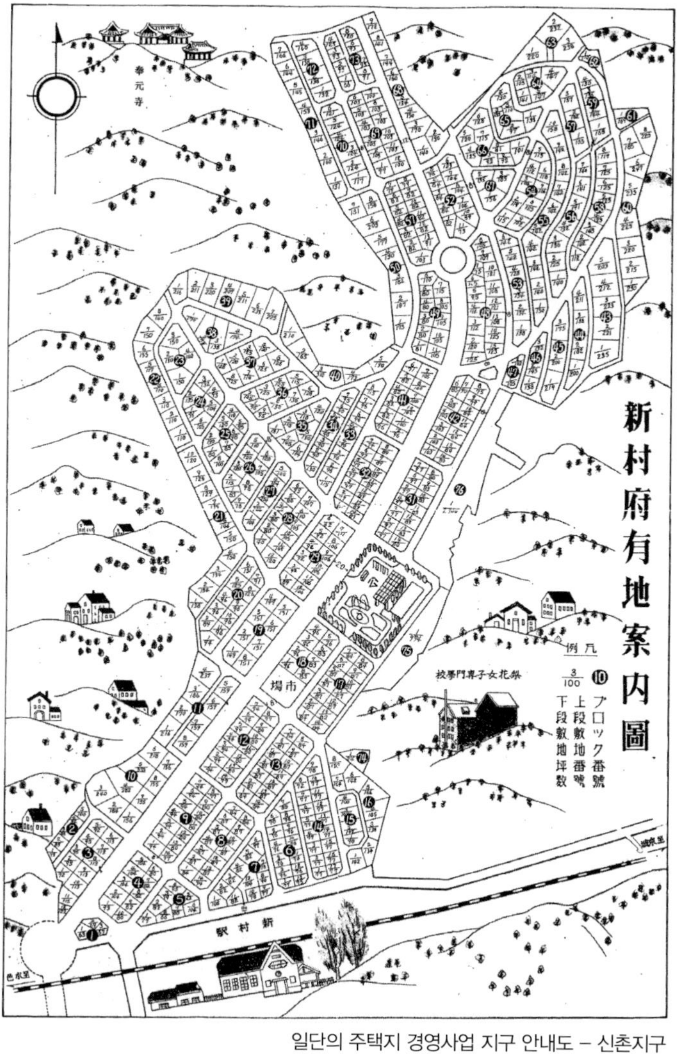

일단의 주택지 경영사업 지구 안내도 – 신촌지구

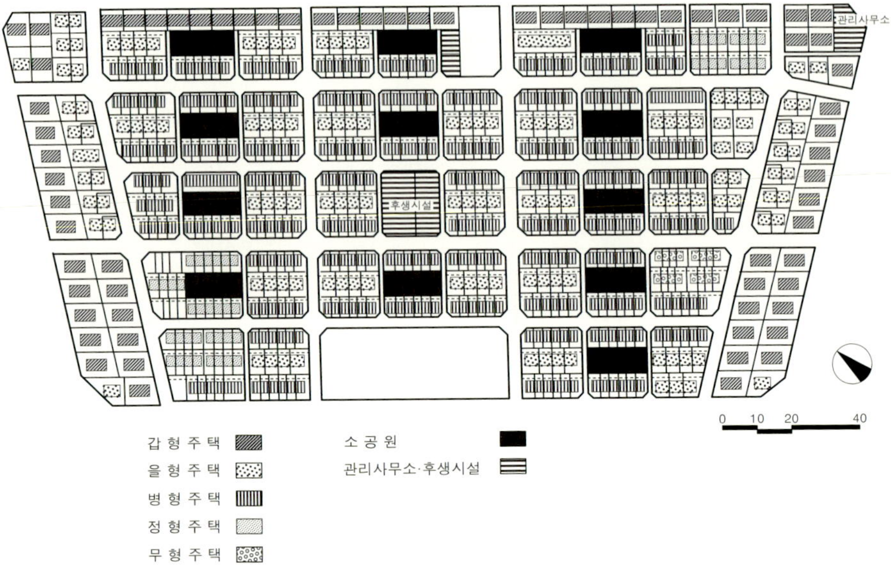

도림지구 배치 복원도

은 도시형 한옥이 아닌 일식주거를 기준으로 하여 약 40m×60m의 규모로 계획되었는데, 약 40m라는 폭은 도시형 한옥이 3~4개의 열로 들어설만한 폭이었기 때문에, 블록 중간에 위치한 필지로 접근하기 위한 작은 막힌 골목들이 많이 생기게 되었다.

영등포지구는 공업지역을 개발의 전제로 하고 전체 면적의 15%만을 주거지로 지정하였다. 토목공사는 미이케구미[三宅組]와 경성토목주식회사가 담당하였고, 토지 소유자들이 1938년 분양조합을 결성하여 분양을 시작하였다. 공업 및 주거지역이 함께

도림지구 전경

지정되었기 때문에 공장을 위한 대형 필지가 중점적으로 배치되었으며, 그 주변으로 공공시설이 계획되었다.

대현지구는 약 40m×100m의 블록을 기준으로 하여 학교, 공원, 시장 등을 포함하는 주거지로 계획되었다. 공사는 간토구미[關東組]와 와타나베구미[渡辺組]에서 담당하였으며, 기존 거주민이 많았기 때문에 다른 지역에 비해 이전 보상비가 더 소요되었다. 그러나 1930년대 말 이후 토지구획정리사업은 전시체제에 따른 물자와 인력 부족으로 인해 원활히 진행되지 못했다. 대부분의 사업지는 정지 공사만 겨우 진행되었고, 해방 직후에는 무허가 판잣집이 들어서게 되었다.

국가가 일체의 인적·물적 자원을 엄격하게 통제하는 전시체제는 1938년 〈국가총동원법〉이 공포되면서 시작되었다. 1920년대부터 진행되어온 주택난은 이때에야 비로소 조선총독부의 중요한 정책 과제가 되었다. 1938년 시국대책조사회에서 도시 주택난을 의제에 올린 것이다. 이어서 1939년 조선총독부는 생산력 확충과 노동자들의 노동력 보존을 위한 주택난 완화 대책을 수립하기 위하여 정무총감을 위원장으로 하는 주택대책위원회를 설치하였다. 주택대책위원회는 각 지방에 주택 부족 수를 조사하고 주택공급계획을 세우도록 하였다. 이를 바탕으로 1939년 경성부는 사유지에서 행해지는 토지구획정리의 한계를 극복하고자 부유지府有地를 택지로 개방하기로 결정하여 '일단의 주택지 경영사업'을 입안하였고, 1940년 택지 조성 공사를 시작하였다. 사업지구는 금호지구 20만 평, 신촌지구 13만 평, 상도지구 23만 평 등 총 3개 지구의 56만 평 규모였다. 14만 평 규모의 전농지구도 같이 결정 고시되었으나 실제 사업은 진행되지 않았다.

1940년 총독부가 〈주택건설용 자재배급요강〉을 발표하여 건설자재의 개인적 판매와 구입을 금지시킴으로써 택지조성사업지구에 건설할 주택을 위한 자재 확보를 용이하게 하였음에도 불구하고, 경성부 내 관공서, 공장, 은행, 회사 등에서 사택 건설을 위해 택지 분양을 신청하는 수요는 적었다. 별다른 보조 없이 직원용 사택을 건축할 여력이 없었기 때문이다.

4

도시형 한옥의 보급과 한옥의 변화

1920년대 들어 기존 한옥의 개량이 아닌 새로운 유형의 한옥 건설이 시작되었다. 단지 개발을 통한 상품 주택으로서의 한옥 생산 방식이 새롭게 등장하는 한편, 근대적 생활양식을 수용한 고급 한옥도 출현하게 되었다.

이렇게 새롭게 주택건설업자에 의하여 대량으로 지어진 상품 주택으로서의 한옥을 특별히 '도시형 한옥'이라고 한다. 서울의 도시적 상황에 맞추어 도시형 한옥도 두 시기의 것으로 나눌 수 있는데, 앞 시기의 것은 도성 내부의 큰 필지를 분할하여 들어서는 경우이고 후기의 것은 도성 외부에 토지구획정리사업과 일단의 주택지 경영사업 등으로 마련된 대규모 주거 단지에 지어진 것이다. 이 두 시기의 도시형 한옥은 평면과 세부 의장에서도 일정한 차이를 갖는다. 초기의 것은 아직 완전한 평면 유형을 완성하지 못하고 같은 지역에 있는 것이라도 크기와 모양이 조금씩 다르다. 하지만 후기의 도시형 한옥은 같은 모양과 크기로 구획된 필지 위에 들어서기 때문에 획일화된 외형을 갖게 되고, 곳에 따라서는 지붕이 서로 이어지는 연립형 도시형 한옥도 등장하게 된다. 평면의 형태에서도 초기의 실험을 통하여 얻은 경험을 바탕으로 후기에는 표준화된 평면이 사용되었다.

도시형 한옥은 원래 서울에 있던 소규모의 도시 한옥들을 원형으로 삼아서 개발되었다. 조선시대에도 이미 토지의 압박을 겪었던 서울의 한옥은 농촌에 지어지는 한옥과 달리 ㄱ자나 ㄷ자형처럼 꺾음부가 있는 집들이 많았고, 종종 울타리 없이 벽체가 바로 길에 면하는 문간채가 발달하기도 하였다. 하지만 도시형 한옥은 이에 더 나아가 단위 주택의 평면을 똑같은 크기와 모습으로 규격화하고, 각 집들이 서로 처마를 맞대도록 나란히 이어 지음으로써 토지 이용의 효율을 극대화하였다. 대지는 반듯한 사각형으로 정리되고, 심지어 지붕을 하나로 이어 짓는 연립형의 도시형 한옥까지 출현하게 된 것이다.

이 과정에서 도시형 한옥은 재래주택에 있던 안채와 사랑채의

경성부의 인구 증가

연도	1915	1921	1925	1930	1935	1940	1943
인구	241,085	261,698	302,711	355,429	404,202	930,547	1,078,178

출처 : 《조선총독부통계연보》 해당 연도

구분이 없어져 하나의 몸체로 통합되며, 대문간에 미닫이 중문이 달리고 변소가 문간채로 들어오게 된다. 또한 도시형 한옥은 미리 지어놓고 파는 상품이었기 때문에, 집장사들은 전통 주택에서는 잘 사용하지 않던 화려한 기와 장식이나 필요 이상으로 두꺼운 과시형 부재部材를 눈에 잘 보이는 곳에 사용하였으며, 칸의 치수를 시장에서 파는 부재의 크기에 맞추어 규격화하는 등 상품화를 위한 노력을 하였다. 벽돌과 타일, 함석, 유리 등의 근대적인 재료를 부분적으로 사용하여 주택의 환경 성능을 높인 것도 이 시기의 변화이다.

1) 도시형 한옥의 보급

1920~1930년대 경성부에서는 농촌거주자와 일본인들의 이주에 의한 급격한 인구 증가가 있었는데, 그 내용을 보면 지역별로 큰 차이가 있다. 한국인 가구는 주로 도성 부근과 성 밖 지역에서 많이 증가하였다. 1927~1938년까지 조선인 가구가 많이 증가한

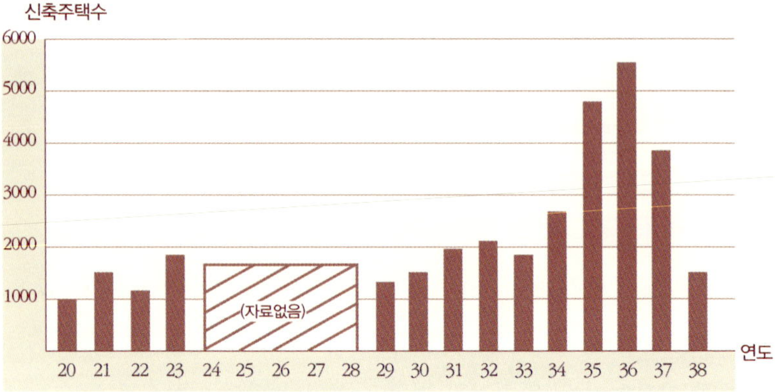

1920~30년대 서울의 신축주택 수

지역은 행촌동, 현저동, 관동(영천동), 봉래정4정목(만리동 2가), 창신동 등의 지역이었다. 성내에서는 주로 종로 이북에서 증가하였지만 성 밖보다 양이 현저히 작았다. 이는 1920년대 도시화가 시작되면서 일본인들이 도심을 차지하게 됨에 따라 한국인은 비교적 개발도가 낮은 지역으로 밀려났기 때문이라고 추정할 수 있다. 하지만 신축 주택의 수가 경성부의 인구 증가를 따라가지 못했기 때문에, 1930년대 경성부의 주택난은 극에 달하게 되었다.

이러한 주택난은 1930년대 신축 주택의 증가로 이어졌다. 1920년대에는 신축 주택의 수가 1,000~2,000동 사이를 유지했으나, 1930년대에 이르러 점차 증가하였고 1936년경에 약 6,000동에 달하게 된다. 신축 주택이 급격하게 증가한 지역은 북부의 가회정, 원서정, 소격정, 통인정, 효자정, 재동정, 서부의 현저정, 관동정(영천동), 은행정(행촌동), 옥천정, 봉래정, 죽첨정(충정로), 중림정, 교남정, 교북정, 냉천정, 동부의 창신정, 충신정, 명륜정1정목, 명륜정3정목, 명륜정4정목, 혜화정, 남부의 삼판통(후암동), 원정(원효로) 등으로, 앞서 한국인의 인구가 증가한 곳과 유사한 분포를 보인다.

또한 1930년대에 신축되는 주택은 구조적 유형으로 볼 때, 석조나, 벽돌조, 초가 등에 비해 목조주택이 훨씬 많은 부분을 차지하였다. 따라서 1930년대 신축 주택의 증가는 한국인 세대의 증가와 관련이 있고 목조가 신축 주택의 주된 유형이었다는 점을 통해서, 당시 신축된 주택의 많은 부분이 도시형 한옥이었으리라 추정할 수 있다.

도시형 한옥은 이처럼 극심한 주택난 속에서 1930년을 전후로 하여 1960년경까지 지어진, 서울의 도심부 및 도심주변부에 집단적으로 분포하고 있는 중소규모의 한옥을 의미한다. 도시형 한옥은 주택공급업자들이 상품으로서 집단적으로 공급했던 주택이라는 점에서, 기존에 도시적 상황에 맞추어 개별적으로 지어졌던 도시 한옥과는 다른 의미를 갖는다.

도시형 한옥의 주된 소비층은 주로 농촌에서 이주한 부유한 지주들이었다. 이들은 주로 농촌에서의 각종 기부, 공과금의 과중한 부담을 피하고, 새로운 교육과 경제활동의 기회를 찾아서 서울로 이주하였다. 이러한 지방출신 지주들의 이주는 채만식의

《태평천하》, 이태준의 《복덕방》 등 1930년대를 배경으로 한 소설에서도 다루어질 정도로 일반적인 사회상으로 인식되고 있었다. 이들은 당시 신축되는 도시형 한옥을 소비할 수 있을 정도의 경제력이 되는 사람들이었고, 실제 경성의 인구 증가에서 많은 수를 차지하던 영세한 계층은 변두리로 밀려나게 되었다.

주택이 하나의 재화로서 가치를 가지게 되면서 주택의 매매와 임대를 통해 이윤을 얻고자 하는 주택임대업자들 또한 나타나게 되었다. 특히 부동산 및 주택경영회사는 조직적인 차원에서 토지 및 건축물의 매매, 임대 등의 업무를 하였다. 보통 한 회사가 십여 채에서 백여 채의 주택을 소유, 관리하여 임대업을 하였으며, 부동산과 관련된 금융업과 건축 재료 판매업도 겸하였다.

당시 대지를 매입해 도시형 한옥을 대규모로 지어 분양하는 주택경영회사 즉, 집장사의 대표적인 사례로 1920년 정세권이 설립한 건양사建陽社를 들 수 있다. 건양사는 원래 목재상을 겸하며 헌 집을 수리해 되파는 업무를 주로 하였다가, 1930년 계동 99번지에 11채, 익선동 166번지에 24채의 한옥을 신축하여 분양한 것을 시작으로 도시형 한옥 분양 사업에 뛰어든 것으로 보인다.

도시형 한옥이 주된 신축 주거유형으로 된 것에는 경제적인 요인이 크게 작용하였다. 우선 도시형 한옥의 건축비는 다른 주거용 건물보다 현저히 낮았다. 당시 자료를 통해 1920~1930년대 주거용 건물의 건축비를 살펴보면, 목조 건물이 보통 m^2당 50원

1930년대 북촌 도시형 한옥 주거지 개발

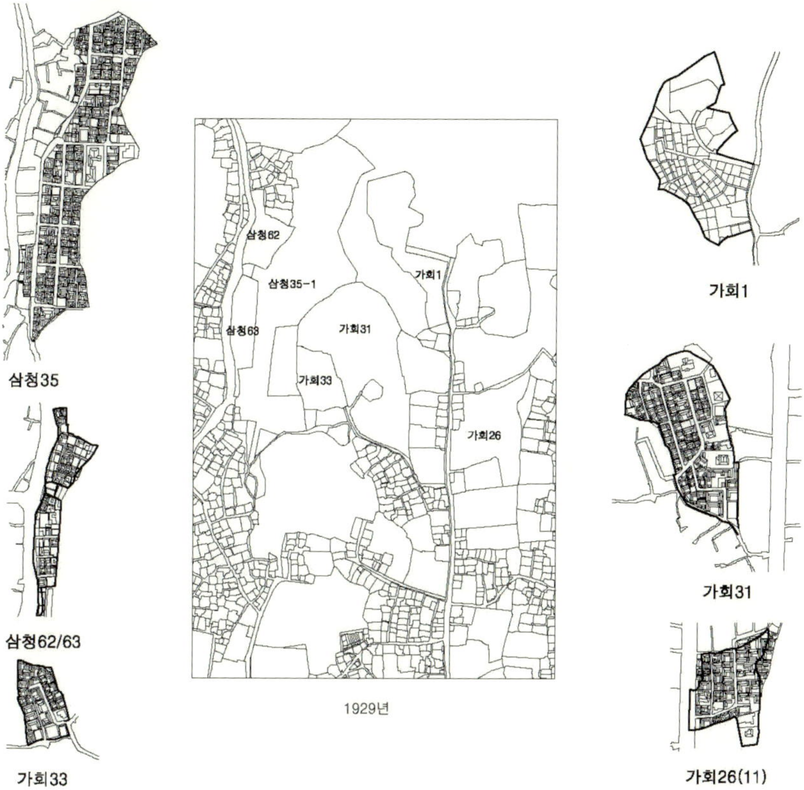

번지	개발 시기	개발업자/소유주	개발 면적
가회동 1번지	1932～1937	건남사	2,519평
가회동 33번지	1933～1934	건양사(정세권)	1,198평
삼청동 62,63번지	1934～1939	–	2,063평
가회동 26(11)번지	1935～1938	한상의	2,708평
삼청동 35번지	1935～1943	정희찬, 정대규, 김종량, 정세권	9,170평
가회동 31번지	1936～1939	대창산업, 건양사(정세권)	5,447평

출처 : 성태원 · 송인호, 〈서울 삼청동35번지 도시한옥주거지 필지구획에 관한 연구〉 《대한건축학회 논문집 : 계획계》 제19-9호, 2003, p.110

圓대로, 50~60원대인 벽돌조 건물보다 평당 건축비가 낮았다는 사실을 알 수 있다. 그런데 도시형 한옥의 경우 20~30원대로 다른 목조 건물에 비해서도 매우 저렴하였던 것이다. 그 이유는 우선 전통한옥 생산 기술을 가진 인부들의 노임이 근대식 주택을 생산하는데 필요한 기술을 가진 인부들의 노임보다 쌌기 때문이다. 게다가 1930년대에는 목재가 제재공장을 통해 일정한 폭, 두께, 길이로 대량 가공되었기 때문에 목재의 단가가 저렴해졌고, 이러한 목재 규격의 표준화는 현장에서의 공기를 단축시켜 공사비를 줄일 수 있었다.

당시 도시형 한옥은 주로 옛 도성 안에 존재하는 큰 필지를 작게 분할하여 들어섰다. 이러한 사례로 조선시대 사대부 계층의 전통적인 상류 주거지였던 북촌 일대를 들 수 있다. 권문세도가의 저택이었던 이 큰 필지들은 1930년대에 작은 필지로 분할되었다. 그리고 그 위에 주택공급업자들이 집단적으로 한옥을 건설하면서, 도심에 위치한 도시형 한옥주거지로 전환되었다. 개발은 1932년부터 1936년 사이에 착수되었는데, 번지별 개발 면적은 약 1,000~10,000평에 달하였고 기간은 짧게는 1년부터 길게는 8년까지 소요되었다.

한편 1936년 경성부의 행정구역 확장 이후 1937년부터 토지구획정리사업이 시행되며, 도시형 한옥은 성 밖의 미개발지에 새로 조성된 택지에도 들어서게 되었다. 대표적으로 김종량이 경영한 경성재목점은 1940~1945년 돈암지구에 100여 채 이상의 도시형 한옥을 건설하였다.

2) 도시형 한옥의 공간 특성

도시형 한옥은 기존 한옥과는 다른 공간적 특성을 갖는다. 우선 도시형 한옥에는 외부 공간인 마당의 면적이 줄어들게 되면서, 변소와 같이 별채로 지어져 이용되던 부속 기능실들이 한 건물 안으로 들어오기 시작하였다. 이에 따라 한옥에 남아 있는 유일한 외부 공간으로서 중정의 역할은 더욱 강조되었는데, ㄷ자를 이룬 방들의 가운데 위치하였기 때문에 동선의 중심이 되기도 하였다. 길과 중정을 연결하는 대문간에는 가족생활의 중심인 중정을 보호하기 위하여 미세기(두 짝을 한편으로 밀어 겹쳐지게 여닫는 문이나 창문)가 중문으로 달렸다.

1985년에 실측된 가회동 11-96번지의 사례에서 이러한 도시형 한옥의 특징을 찾을 수 있다. 건물은 33.3평 규모의 대지 위에 중정을 둘러싼 19.9평의 ㄷ자 형태로 세워졌다. 동쪽의 대문간으로 진입하면 부엌과 마주보게 되고 대청은 남쪽을 향하고 있는 가장 기본적인 유형이다. 중정의 욕실과 광은 후대에 벽돌조로 신축된 건물이다. 대문간에는 미세기 중문을 설치하여 외부로부

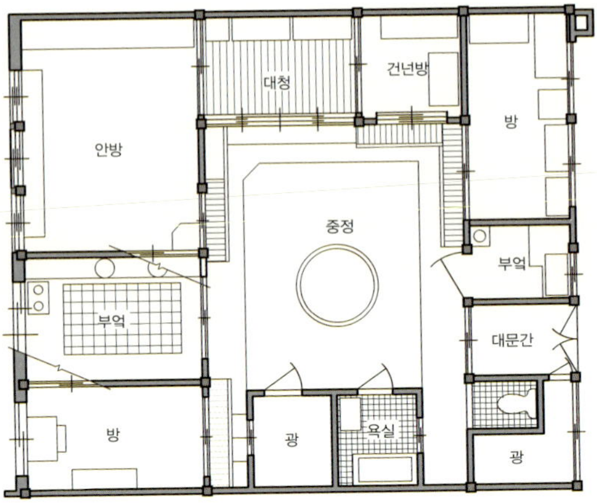

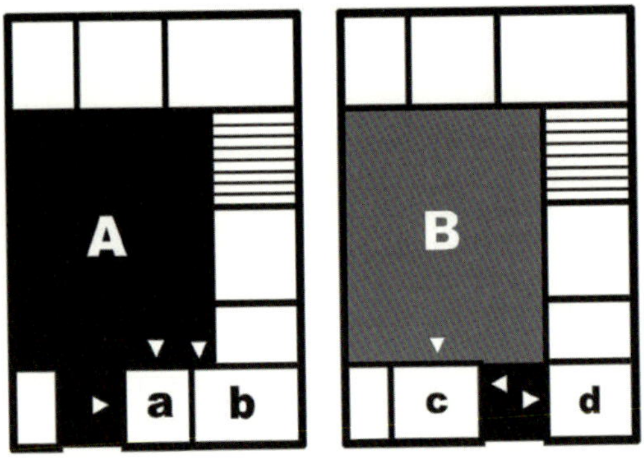

가회동 11-96번지 평면도(위)
도시형 한옥의 대문간 위치 조정 다이어그램(아래)

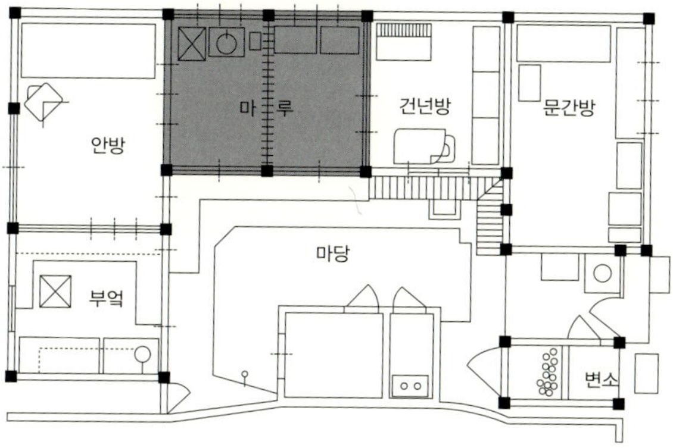

구조적 필요가 없는데도 대청 칸을 나눈 예(누하동 72번지)

터의 시선을 차단하도록 하였다. 변소는 대문간 옆 칸에 위치하고 있다. 또한 세를 주기 용이하도록 규모에 비해 많은 수의 방으로 나뉜 것이 특징이다.

도시형 한옥은 상품으로서의 성격을 분명히 한 근대 도시 주택이라고 할 수 있다. 도시 근로자를 대상으로 하였기 때문에, 성인 남성의 일상 공간이었던 사랑채는 사라졌고 셋방을 두기에 유리한 평면으로 계획되었다. 주택공급업자들은 당시 세가주貰家主들이 문간채를 셋방으로 사용하던 경향과 관련하여, 대문의 위치를 조정해 대문간에서 바로 연결되는 방을 여러 개 만드는 방식을 고안하기도 하였다. 예를 들어 앞의 다이어그램 A에서는 대문간에서 바로 연결되는 방이 하나(a)밖에 없으나, 대문의 위치를 다이어그램 B와 같이 조절하면 대문간에서 두 개의 방(c와 d)으로 바로 진입하게 만들 수 있었기 때문에 B유형이 세를 주기에 더 유리하였다.

도시형 한옥의 상품적 가치가 칸의 수에 크게 영향을 받음에 따라, 공급업자들은 칸 치수를 조절하여 칸수를 늘리려고 애썼다. 도시형 한옥을 지을 때 가능한 많은 면적에 가능한 많은 칸을 만들려고 했기 때문에, 대지 면적이 작을수록 건폐율은 커지고 한 칸의 평균면적은 작았다. 상품 가치를 높이기 위해 칸수를 늘리는 일은 실제적인 공간 사용과 관계없이 나타나기도 하였다. 특히 대청은 종종 집의 품격을 나타내는 지표가 되었기 때문에, 구조적 목적이 아닌 경제적 목적에 의해 대청의 칸이 나눠지기도 하였다.

가로와 담장을 향한 도시형 한옥의 입면은 폐쇄적이었던 반면, 중정을 향한 건물의 입면은 개방적이고 장식적으로 계획되었다. 특히 다락 창, 마루 밑의 공기창, 문 위의 교창, 그리고 벽감에 붙어있는 붙장창이나 쪽마루 밑 수납창 등 크고 작은 창들이 안마당 쪽에 그대로 드러나게 되었는데, 붙장창과 쪽마루 밑 수납창은 1930년대 이전의 서울 한옥에서는 찾아보기 어려운 것이었다. 구조적인 의미가 없는 딱지소로나 동식물 무늬로 조각된 함석 홈통 등 장식적 요소도 보편적으로 사용되었다. 또한 대청과 안방, 건넌방의 입면이 점차 동일해지는 경향을 보인다.

한옥의 근대적 발전을 도모한 실험도 이루어졌다. 과밀한 도시 밀도에 대응하기 위하여 한 지붕 아래에 여러 채의 한옥을 나란히 세우고 맞벽을 사용하는 연립형 한옥도 시도되었다. 대지의 이용을 극대화하기 위해 단위주택을 반복적으로 연결하여 일종의 집합주택으로 만든 것이다. 그리고 새로운 재료인 유리를 끼운 큰 문을 마루에 달아 마루를 실내공간으로 활용하기도 하였고, 부엌 바닥 높이를 마당보다 높게 올려 생활의 편의를 도모하기도 하였다.

3) 도시형 한옥의 사례 : 가회동과 보문동

가회동은 예로부터 북촌에서도 사대부 계층의 상류주거지였던 만큼, 다른 지역에 비해 상대적으로 대형필지가 많았던 지역이다. 권문세도가의 저택이었던 대형필지들은 1930년대에 들어서며 30평 내외의 작은 필지로 분할되었다.(227쪽의 그림 참조) 그리고 그 위에 주택 공급 업자들에 의해 한옥이 집단적으로 건설되면서, 가회동은 도심부에 위치한 도시형 한옥주거지로 전환되 었다.

가회동의 도시형 한옥주거지의 가로체계는 나뭇가지형 가로체계를 갖는다. 지형 조건에 바탕을 두고 가로가 형성되었기 때문에, 도로는 경사 방향인 남북방향에 따라 뻗어나가는 경향을 보인다. 이때 대부분의 필지들은 경사진 도로에서 바로 연결되기 때문에, 경사를 극복하기 위해 주택 진입부분에 계단이 설치되는 경우가 많다.

대부분의 가회동 도시형 한옥은 마당을 둘러싸는 ㄷ자형 평면을 갖는다. 이때 대부분의 ㄷ자형은 남쪽 혹은 동쪽으로 열려있다. 이러한 마당의 열림 방향은 도시형 한옥이 주거지 구조 위에 놓이면서 우선적으로 고려된 배치의 원리이다. 동쪽 혹은 서쪽 진입을 가능케 하기 위해서 대부분의 주거는 동쪽 또는 서쪽에 대문이 있고 남쪽으로 열린 ㄷ자형으로 계획되었으며, 불가피하게 북쪽 진입을 하는 경우에는 동쪽으로 열린 ㄷ자형을 채택하였다. 가장 전형적인 유형은 동쪽 진입에 남향집이다. 대청이 남쪽을 향해 자리 잡고 문간과 부엌이 서로 마주 보도록 구성되는 것이다.

주택 공급 업자들은 도시형 한옥의 상품 가치를 높이기 위해 여러 방법을 사용하였다. 문간채는 당시 셋방으로 주로 사용되었는데, 주택 공급 업자들은 문간채가 셋방으로 이용될 수 있는 효용을 높이는 방향으로 평면을 발전시켰다. 또한 한옥의 경제적 가치를 높이기 위해 과장된 표현 방식을 사용하였다. 보뺄목의 상부는 장식적인 형태로 변화하였고, 안채의 처마는 부연과 처마 홈통이 붙으면서 깊어졌다. 장여 아래로는 구조적 기능을 상실한 딱지소로가 부착되었다. 그리고 대청의 칸 나눔이 이루어졌다. 한옥에서 대청이라는 공간이 가지는 상징성을 감안한다면 대청을 1칸으로 쓰느냐 2칸으로 쓰느냐는 상품이라는 측면에서 고급화의 정도를 나타내는 지표로서의 의미가 있다.

돈암지구는 청계천의 지류인 안암천과 보문로를 중심으로 하여 주변이 낮은 구릉으로 둘러싸인 지역이다. 해방이후 이 지구는 여러 차례의 행정구역 조정을 통해 현재 보문사를 중심으로 한 보문동 1-7가, 안암천변의 안암동 1-4가, 동소문로 주변의 동소문동 1-5가, 동선동 1-5가, 그리고 도성 동쪽에 인접한 삼선동 1~3가 등으로 나뉘어 있다.

1936년 행정구역 확장으로 경성부에 편입된 이후 1937년부터 1940년까지 불과 3년 남짓한 기간에 대규모 필지가 공급되었고, 격자형으로 계획된 필지 위에 도시형 한옥이 빠르게 들어서면서 대규모 한옥 주거 단지가 형성되었다.(215쪽의 그림 참조)

개별 필지의 크기와 한옥의 평면 유형은 가회동 등 도심부에 지어진 도시형 한옥과 비슷해 보인다. 하지만 주택 공급 업자에 의해 기존 도심 대형 필지를 구획하여 한옥을 지은 도시 한옥과 달리 토지구획정리사업지구 내 주거지 조성은 일식주거가 그 기준이어서 주거지의 구성이 달랐다. 즉 주거지 블록의 규모가 도심의 것보다 두 배 정도 컸기 때문에, 블록 내 필지 수가 많아지고 이에 따라 블록 내에 도로가 형성되는 것도 여러 유형이 생기게 되었다. 북촌의 한 블록은 크기가 작아 한옥이 2열로 들어갈

보문동 일대의 도시형 한옥(1981년)

크기로 필지가 나누어지기 때문에 각 한옥은 길에서 바로 진입이 가능한 반면, 돈암지구의 블록은 크기가 커서 3~4열로 필지를 분할할 수밖에 없고, 이에 따라 중간에 위치한 한옥에 이르기 위해 블록 내에 끝이 다른 집으로 막힌 샛길이 많아진다.

돈암지구의 전체 블록 중에 동서가로에 면한 필지가 약 30%에 달하는데, 이런 필지의 출입구는 필연적으로 남측 또는 북측으로 나게 된다. 특히 북쪽으로 길에 면한 집은 대청이 동측이나 서측에 올 수밖에 없어서 불리하다. 이에 비해 남북방향의 골목에 면한 양쪽의 집들은 동측 또는 서측에서 진입하고, 대청을 남향에 둘 수 있어서 선호되었다. 그러므로 동서방향의 길과 남북방향의 길에 모두 면한 모퉁이집의 경우에도 가능한 동쪽이나 서쪽에 대문을 두려고 하였다. 또 때로는 블록 전체를 가로지르는 샛길이 만들어지는데, 이때는 길로 잘려나간 부분 때문에 그 양옆의 필지 크기가 작아질 수밖에 없어 서로 맞붙은 ㄱ자형 연립한옥이 나타난다. 이러한 연립한옥은 보문동 1가 60번지 일대와 103번지 일대에서 집중적으로 나타나는데 대표지번이 같은 것으로 보아 큰 필지가 한 사람에 의해 개발된 뒤 나눠진 것으로 보인다.

또한 보문로와 같이 큰 길이 한옥지구의 중심을 관통하고 있어, 주거용 한옥과 상가용 한옥이 모두 발견된다. 그 중 이층한옥 상가는 현재 그 수가 많이 남아 있지 않지만 당시 건축법규에 '간선도로변 이층 이하의 건축 금지' 조항이 있었던 것으로 보아 대로변에 활발히 지어졌을 것으로 판단된다. 상가용 한옥은 ㄷ자형의 변형으로 볼수 있는데, 대로변 안쪽으로 ㄱ자형 살림채가 있고 도로변에 위치한 一자형 이층한옥은 상업과 사무기능으로 사용된다. 수직으로 확장된 일자형 상가와 안채는 분리되어 별도의 출입구를 갖는다.

5

고급 근대 한옥의 건설

1920년대 이후가 되면

중산층을 위해 대량생산되는 상품 주택으로서의 도시형 한옥 이외에도, 근대적 재료와 공간 이용 방식을 반영한 고급 근대 한옥도 지어지게 된다. 이러한 한옥들은 근대 문물을 경험한 상류계층이나 근대적 건축 교육을 받은 건축가 등에 의해 재해석된 새로운 한옥 공간 형식을 보여준다.

근대에 새롭게 도입된 여러 재료 중에서 유리는 한옥의 외형과 공간 변화에 큰 영향을 미친 재료였다. 대청의 전면에 설치되기

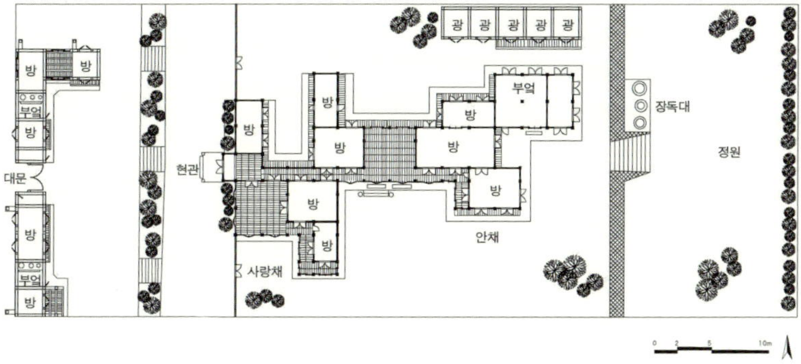

가회동 한씨 가옥 평면도

시작한 유리문은 실내 공간과 실외 공간을 엄격하게 가르는 분리막을 형성하였다. 전통 한옥의 주요한 공간 형식의 하나인 마루가 반半 외부공간에서 온전한 실내 공간으로 성격이 바뀌면서 전통 한옥의 공간 구성 전체에 큰 변화가 뒤따랐다. 본래 툇마루가 마당에서 방으로 오르는 중간 참의 역할을 하고 각 방은 툇마루를 통하여 직접 마당과 연결되었으나, 유리문이 설치되면서 실내외 공간이 분리됨에 따라 마당과 연결되는 부분은 출입문이 있는 곳으로 한정되었고 이곳이 실내의 각 공간을 연결하는 통로의 출발점이 되었던 것이다.

대표적인 근대 가옥이었던 가회동 한씨 가옥은 대표적인 친일 실업가인 한상룡이 1928년부터 1947년 사이에 대대적으로 개보수 및 증축한 것으로, 전통 한옥에는 없었던 현관을 설치하고 복도를 두어서 사랑채 영역과 안채 영역을 서로 연결시킨 매우 홍

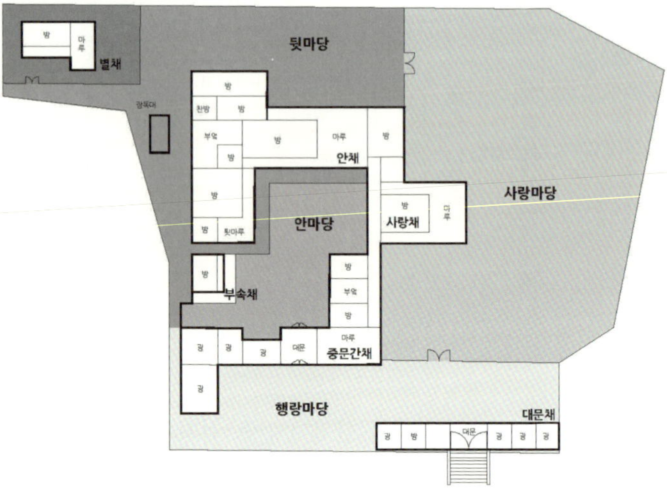

백인제 가옥의 건축과 외부공간의 구성 모식도

미로운 평면을 보여 준다. 현관은 집 전체의 실내 공간으로 들어가는 관문의 역할을 하며, 대문을 들어서 바로 접하는 사랑채의 전면에 두었다. 현관으로 들어서면 안채 쪽으로 길게 이어지는 복도가 나온다. 그 오른쪽에 있는 사랑대청은 바닥에 마루를 깔고 전면과 측면을 유리문으로 막아 일종의 홀과 같은 역할을 하게 하였다. 이 사랑대청에 면하여 두 개의 크고 작은 방이 있고, 복도 건너편에도 사랑 영역에 속하는 방이 하나 있다.

안채 영역은 복도를 쭉 지나면 나오는데, 남쪽을 향하여 안방, 대창, 건넌방이 나란한 전통 주택의 공간 구성을 그대로 따르고 있다. 다만 현관에서 이어지는 복도는 측면으로 진입하는 형식이 되고, 전면으로는 마당으로 내려갈 수 있는 섬돌들이 놓여있다. 이 집은 건물의 긴 변이 마당과 만나 정면을 형성하는 전통 한옥의 공간 구성을 외부적으로 유지하면서도, 건물의 짧은 변, 즉 측면에 현관을 두어 주택 외부에서 주택 내부로 연결하는 접점을 만들고 각 실내공간이 서로 연결된 근대 과도기의 실내외 연결 방식을 보여준다.

한편 서울시가 구입하여 일반에게 공개하고 있는 백인제 가옥 역시 한상룡과 관련이 있다. 이 집은 한상룡이 위의 가회동 한씨 가로 이사하기 전에 자신이 살려고 먼저 지은 집이다. 1906년 4월에 이사를 와서 몇 년에 걸쳐 인접한 작은 가옥 12채를 사들여 모두 헐고 1913년 완공하였다. 한옥에 일본식이 가미된 절충식 주택이다.

이 주택은 전체적으로 ㅁ자형의 구성을 갖는데, 남동쪽 변이 사랑채의 영역이고, 이에 직각한 남서쪽 변이 행랑마당과 만나는 행랑채의 영역, 그리고 나머지 두 변이 안채의 영역이다. 20세기 초 서울에 지어진 살림집답게 농사 작업에 필수적인 일마당이 줄어들고, 대문간을 지나면 안채 마당과 사랑채 마당으로 각각 진입할 수 있는 중간 단계의 마당으로서 작은 행랑마당이 있을 뿐이다. 하지만 사랑채와 사랑마당, 안채와 안마당, 행랑채와 행랑

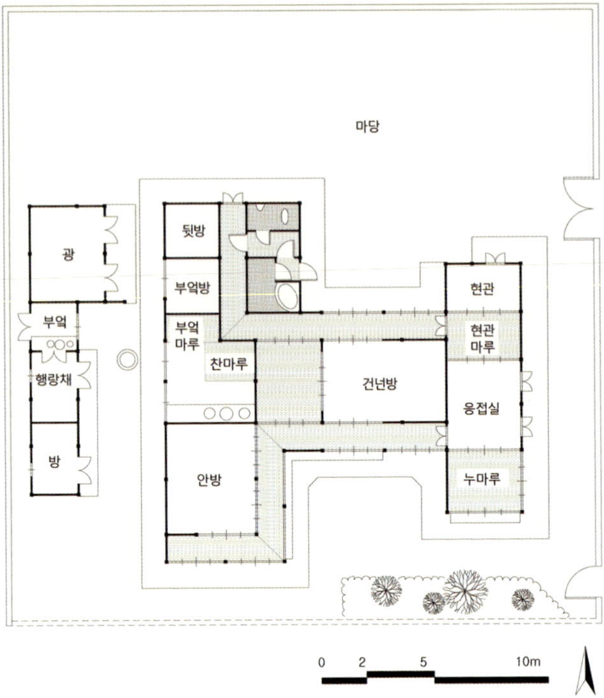

경운동 민병옥 가옥 평면도(위)와 현관의 모습(아래)

마당 외에 가족들의 단란을 위한 뒷마당과 별채까지 고루 갖추고 있다. 사랑채가 있는 부분은 돌출한 사랑방과 사랑대청을 중심으로 좌우에 날개채가 있어서 방들이 있고, 한쪽은 안채와 다른 한쪽은 행랑채와 연결된다. 재미있는 부분은 이들 방과 안채 사이를 모두 복도로 연결하였다는 점이다. 또, 사랑방과 사랑대청이 있는 건물은 특이하게 2층으로 되어 있는데, 2층에는 다다미방을 두었다. 두 변을 사용하여 ㄱ자로 된 안채 부분에서는 모퉁이 부분에 부엌을 두고, 양 옆에 큰 온돌방을 두었는데, 이 역시 전통 주택에서는 흔치 않은 구성이다. 이들 방 앞으로도 모두 유리문이 달린 복도를 두어서, 마루를 포함한 전체가 실내 공간이 되었다.

또한 겹방 형식을 내부에 수용하여 일반 사대부 가옥에서는 보기 힘든 3칸의 깊이를 가지고 있다는 점도 특이하다. 백인제 가옥은 전통적 한옥의 목구조와 마감형식 및 평면형식을 따르고 있되 내부의 구성은 가족 구성원별로 독자적 생활이 가능하도록 영역화했다는 점에서 기능적 분화가 보이는 근대적 특징을 보이고 있다.

한편 박길룡이 설계하고 1938년경에 지어진 것으로 추정되는 경운동 민병옥 가옥 역시 현관을 수용한 한옥의 사례로서 기능적인 측면에서 좀 더 효율성을 높인 계획안이라고 볼 수 있다. 특히 이 집은 각 방의 기능을 염두에 두고 방향 및 각 방간의 연결 관계를 함께 고려하여 계획됨으로써, 결과적으로 전통 한옥에서는 찾아보기 어려운 H자형의 평면을 갖고 있다. 즉 안방과 대청, 응

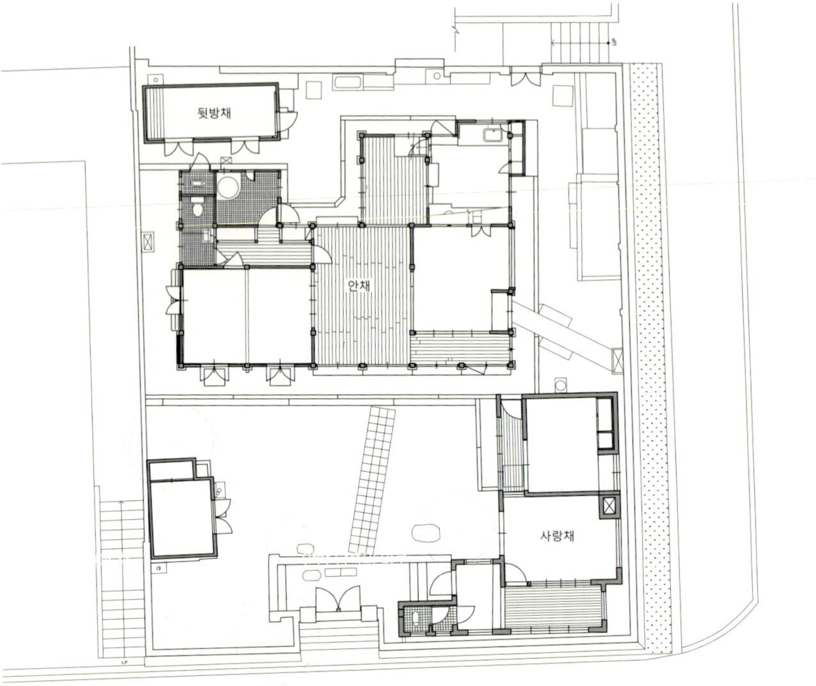

명륜동 장면 가옥의 평면도

접실과 마루 등의 주 공간을 남쪽에 두고, 현관, 부엌, 욕실 및 변소와 같은 지원공간은 북쪽에 두었으며, 응접실과 현관 등 접객의 장소는 길에 면한 동쪽에 두고, 안방과 부엌 등의 가족 공간을 서쪽에 두는 등 동서남북으로 각기 성격을 구분하였다. 그리고 각 방은 복도를 통해 모두 연결되는데, 이러한 평면 구성은 기능에 따른 구획zoning을 고려한 근대적 계획 기법을 활용한 것이다.

안채 안방의 복원 전과 후

안방 남쪽의 마루

명륜동 장면 가옥의 내부 모습

이외에 한·일 절충식 근대 한옥의 사례로, 1937년 김정희의 설계로 세워진 서울 명륜동 장면 가옥을 들 수 있다. 이 한옥은 각 실들을 복도를 통해 실내에서 모두 연결될 수 있도록 설계하였다는 점에서 앞의 사례와 유사하다. 대청과 안방, 건넌방은 남향으로 계획하고, 화장실과 욕실, 부엌 등의 지원공간은 북쪽에 설치하였으며, 대청을 중심으로 각 공간을 복도로 연결하고 있다. 부엌에 타일로 마감한 입식 싱크대와 조리대를 설치하고, 대청과 부엌 사이를 연결하는 마루를 다른 복도보다 넓게 만들어 부엌일을 보조하는 공간으로도 사용할 수 있게 하는 등 부엌 공간에 대한 세심한 설계도 눈에 띈다.

그런데 흥미롭게도 이 한옥은 일본 주택의 의장적 요소를 일부 차용하고 있다. 장면 가옥의 안방 내부에는 일본 주택에서 객실 정면에 벽감을 만들고 바닥을 높여 장식물을 놓는 공간인 도코노마[床の間]와 미단이 창호 아래에 책상 높이의 선반을 두는 공간인 츠케쇼인[付け書院]을 변형한 것으로 추정되는 장식 벽감을 두었다. 안방 동쪽 벽에 오동나무 기둥을 사용하여 벽감을 만들고, 그 안쪽에 미서기와 낮은 장식장을 설치한 것이다. 안방 남쪽으로는 재래한옥의 툇마루와 구조적으로 동일한 공간이 만들어졌다. 그러나 장마루를 깔아 만든 폭 1.2m의 이 마루는, 전면에 부착된 격자형 창살의 유리창, 그리고 세장한 목조 반자틀로 마감된 천장과 어우러져 일본 주택의 엔가와[緣側, 일본 전통 주택에 있는 넓은 툇마루]를 연상시킨다.

이들 사례는 공통적으로 새로운 재료의 도입과 함께 재래한옥의 형식이 변화하였고, 근대적 계획 기법이 적용된 특성을 갖는다. 특히 유리의 도입으로 마루 공간이 내부화되고 복도의 기능이 강화되었으며, 방의 성격에 따라 방위를 달리하여 방을 배치한 것을 알 수 있다. 이러한 변화는 대단위로 조성되는 도시형 한옥과 함께 근대 한옥 변화의 마지막 단계를 보여주며 1960년대까지 지속된다. 이후 1960년대부터 새롭게 양옥의 건설이 활발해지고, 뒤이어 아파트의 건설이 확대되면서 한옥은 오랜 기간 침체의 단계로 접어든다.

한옥과 그 후

19세기 말 개항 이래 새롭게 외래의 주택양식이 우리나라에 들어오고, 철과 유리, 벽돌과 같은 근대 건축재료가 한옥에 사용되기 시작하였다. 하지만 본격적인 변화가 일어났던 기간은 일제에 의한 식민통치기라고 할 수 있는데, 이 시기 서울의 주택 변화는 한편으로는 새롭게 주택 관련 법령이 만들어져서 그 적용을 받게 되며, 다른 한편으로는 1920년대 중반 이후에 급격화된 도시화와 그에 따른 주택난의 문제이다. 이 시기에 민간에 집장사가 등장하였고, 1940년대 초에는 전시체제 하에서 공공주택공급기구가 만들어지는 등 도시주택에 많은 변화가 있었다. 이러한 공급 부문에서의 변화에 더하여, 20세기 초부터 근대적 주거 의식이 형성되기 시작하면서 1920년대에는 좀 더 기능적이고 가족 본위적인 근대식 주거 문화를 향한 주거개량 운동이 일어나는 등 사용자 측면에서의 근대적 변화도 있었다. 그리고 이때 형성된 도시형 한옥과 문화주택, 아파트 등의 근대 주거형식은 20세기 후반기 한옥과 양옥, 아파트로 계승됨으로써 오늘날 주거 문화의 큰 틀이 이때 짜여졌다 해도 과언이 아니다.

1945년 한국은 일본의 식민지로부터 해방되었으나, 곧 남과 북으로 분단이 되고, 1950년부터 3년간은 한국전쟁을 겪었기 때문에 현대 한국의 주택 건설은 1953년 휴전 이후에 재개되었다고 볼 수 있다. 1953년 휴전 이후 시작된 건설 사업은 전쟁으로 파괴된 주택들에 대한 복구 사업이 주류를 이루었으나, 미국의 원조에 의존하던 당시의 경제적인 능력으로는 주택난에 효과적으로 대응할 수 없었다. 특히 당시에는 일제강점기 한국을 떠나 일본과 중국 등지에 살았던 많은 한국인들이 귀국하고, 또 남북 분단으로 인하여 북한으로부터 많은 사람들이 공산당의 통치를 피하여 남한으로 이주하였기 때문에 도시의 인구, 특히 수도 서울의 인구는 폭발적으로 증가하였다.

당시의 서울의 주택 사정을 보여주는 사진자료들을 보면 많은 사람들이 군용 텐트를 이용하거나 혹은 폐건축자재를 이용하여 개천가나 산등성이의 국유지에 불법으로 판잣집을 짓고 생활하고 있는 모습들을 볼 수 있다.

이 같은 상황에서 한국 정부는 공공 주택 공급 사업을 진행하였다. 주택난을 해소하기에 충분한 양은 아니었지만, 한국 정부에 의해서 추진된 첫 번째 공공 주택의 보급이라는 점에서 의미가 있고, 또 이때 채택한 주택유형이 한옥이 아니라 시멘트블럭을 이용한 양옥이었다는 점에서 향후 한국 주택의 진로를 가늠하는 계기가 된다. 이것은 우선 목재의 절대적인 부족과 함께 시멘트의 원료가 되는 석회석 광산이 남한에 비교적 풍부하게 분포하고 있었던 점과 관련이 있다.

즉, 값싼 시멘트를 이용하여 블록을 만들고, 이것으로 벽체를 쌓고 그 위에는 간단한 목재트러스로 지붕을 이은 조적조의 주택이 해방 이후 한국 공공주택의 유형이 되었다. 목재의 부족으로 인하여 난방의 연료도 석탄을 이용한 연탄으로 바뀌지만, 온돌을 이용한 난방 방식은 여전히 사용되었다. 따라서 전통 한옥에서와 같이 온돌 아궁이를 두기 위하여 부엌의 바닥은 다른 실내 공간보다 한 단 낮게 설치되었다. 이렇게 바닥 단차가 나는 것은 중층화重層化를 진행하는데 큰 장애가 되었으며, 1970년대 온수 파이프를 이용한 바닥 난방 방식이 도입되기 전까지 한국에서 고층 아파트의 개발이 늦어지는 데 큰 영향을 끼쳤다.

정부에 의한 공공 주택의 보급과 별도로, 민간에서 지어진 주택은 전체적인 외형은 유지되었지만 구조는 간소화된 간이 한옥들이 주류를 이루었다. 구조와 평면 구성에서 이전 시기의 도시형 한옥과 큰 차이가 없지만, 훨씬 더 작은 규격의 표준화된 목재를 이용하여 기둥과 보를 만들고, 특히 노력이 많이 들어가는 지붕의 구조를 일본식의 지붕틀이나 서양식의 트러스를 이용하여 더 간단하게 바꾼 것이 특징이다. 예를 들어, 1930년대의 도시형 한옥에서 일반적으로 가로세로 15cm의 목재가 기둥으로 사용되었다면, 1950년대의 간이 한옥에서는 가로세로 10.5cm의 목재를 사용하고, 또 대형 목재를 대들보로 사용하는 대신 10~45cm 이하의 작은 목재를 사용하는 식의 변화이다. 이렇게 구조재를 작게 하려면 우선 지붕의 무게를 가볍게 하여야 했으며, 이를 위해 전통적인 흙기와 대신에 가벼운 시멘트기와를 널리 사용하였다.

1961년 박정희 장군이 이끄는 군부는 5·16 군사정변을 통하여 정권을 차지하고, 헌법 개정과 선거를 거쳐 1963년 대통령에 취임하여 1979년까지 장기간 집권한다. 이 시기 한국은 원자재 혹은 반제품을 수입하여 이를 가공해 완제품을 수출하는 가공무역 processing trade을 통한 경제개발 정책을 성공적으로 수행하여 이전 시기와 비교할 수 없는 급격한 경제 발전을 이루었다. 이에 따라 한국의 산업 구조도 농업 중심에서 공업 중심으로 바뀌게 되고,

도시화가 급격히 진행되면서 도시와 농촌의 주택 모두에 큰 변화가 있었다.

도시 지역에서는, 공공 공급이나 민간 공급 할 것 없이 모두 양옥 중심의 단독주택의 보급이 1960년대와 1970년대에 걸쳐 광범위하게 확산되었으며, 1970년대 중반 이후로는 고층의 아파트 건설이 시작되었다. 또 농촌에서도 재래의 기와집이나 초가집 등의 한옥이 시멘트 블럭을 이용한 조적조의 벽체에 슬레이트 지붕을 갖는 새로운 표준형 주택으로 바뀌었다.

이 시기 도시주택의 건설은 단독주택이 주도하였다. 벽돌이나 시멘트 블럭으로 벽체를 만들고, 지붕은 목조 트러스를 올린 다음 기와지붕으로 마감하는 집중형의 평면을 갖는 집이었다.

1960년대에는 주로 단층, 그리고 1970년대에는 반지하의 창고를 갖는 반2층 집이 주류를 이루었고, 1970년대 후반부터는 지하 1층, 지상 2층의 규모로 확대되었다. 난방과 취사의 설비가 분리되어, 난방은 연탄을 이용한 아궁이에서 점차 보일러에서 데운 온수를 방 바닥 아래에 깐 파이프로 순환시키는 온수 파이프 바닥 난방 방식으로 바뀌었으며, 취사는 프로판 가스를 이용한 레인지를 사용하게 되었다.

이와 같은 난방 및 취사 설비의 변화는 우선 부엌의 공간을 획기적으로 바꾸게 되었다. 이전 시기에는 아궁이가 방바닥보다 아래에 있어야 했으므로 부엌의 바닥은 어쩔 수 없이 방이나 마루 등의 실내 공간보다 한 단 낮게 설치되었으나, 이제 부엌도 방이나 마루와 같은 높이로 올라오게 되었다.

그리고 이렇게 바닥의 높이가 같아지자 부엌과 마루의 관계도 바뀌기 시작하였다. 한옥에서 부엌은 여자들의 작업공간이었지만, 남녀의 역할 차이에 대한 인식이 줄어드는 사회 분위기 속에서 마루와 바닥 높이가 같아진 부엌은 식당을 겸하는 공간이자 친밀하게 드나드는 공간이 되었다. 또한 마루는 가족의 공동체 생활을 위한 공간이었으나 직계가족 중심의 핵가족 생활이 보편화되면서 가족들이 모여 함께 TV를 시청하거나 단란 생활을 하는 가족 공간으로 바뀌어 그 이름도 '거실'로 바뀌게 되었다. 이렇게 거실, 식당, 부엌이 하나의 열린 공간으로 통합된 LDK형 주택은 이후 아파트와 단독 주택의 일반적인 평면형식이 된다.

변소와 욕실 등이 실내 공간으로 완전히 들어오는 것도 설비의 변화와 관련이 깊다. 1920년대의 도시형 한옥이나 문화주택에서도 변소는 같은 건물 내에 있었으나, 분뇨의 처리는 여전히 재래식의 수거 방식을 가지고 있었기 때문에, 그 위치는 대문이나 현관에서 가장 가까운 장소나 길에 바로 면한 장소에 둘 수밖에 없었다. 그러나 수세식의 변소가 보급되면서 변소를 집안의 안쪽에 배치하는 일이 가능해졌고, 상하수도의 배관을 집중하기 위하여 욕실이 같은 공간에 마련되었다.

1970년대 중반 이후엔 2층집들이 서울 등의 도시 지역에서 많이 지어졌는데, 이는 계속해서 늘어나는 도시 인구의 증가에 대응하여 주택밀도를 높이기 위한 것이었다. 이 과정에서 각 층의 바닥과 지붕을 철근콘크리트 슬라브slab로 만드는 이른바 '슬라브집'이 단독주택의 주류를 이루게 된다. 이로써 복잡한 지붕틀을 만드는 일로 자리를 유지하였던 목수들의 역할은 주택 건설 현장에서 점차 자리를 잃고 현대적인 건설업체들이 그 자리를 대신하게 되었다. 더욱이 슬라브집을 마지막으로 1980년대 이후로는 고층의 아파트가 도시주택의 주류를 형성하게 됨에 따라 단독주택에서의 변화는 더 이상 주목을 받지 못하게 되었다.

1960년대 이후 한옥이 주택 시장에서 사라지게 되는 이유는 일차적으로 집짓는데 필요한 재료의 수급 불균형에서 찾을 수 있다. 즉 천연 재료인 목재는 부족한 반면, 벽돌과 블록을 생산하는데 필요한 시멘트와 석탄 등의 공업 제품은 비교적 싼 가격에 구할 수 있었다.

또 1950년에 있었던 6·25 전쟁의 기억은 사람들에게 불에 타지 않는 튼튼한 집에 대한 욕구를 크게 하였고, 계속해서 수선이 필요한 한옥은 바쁜 도시노동자의 일상과 맞지 않았던 점이나 확대가족에서 직계 가족 중심의 핵가족으로 가족의 규모가 빠르게 변화한 점도 한옥이 시장에서 점차 사라지게 된 것과 관련이 있다.

한옥에 대한 관심이 다시 일어난 것은 역설적이게도 그나마 남아있던 한옥들이 더 이상 버티기 힘들어진 1990년대 말의 일이다. 1990년 정부는 도시의 주택난을 손쉽게 해소하기 위하여, 330m²(100평) 이하의 소규모 단독주택을 수직 증축하여 최대 19세대가 살 수 있는 임대용 주택을 건설할 수 있게 관련 법규를 완화해주었다. 이에 따라 상대적으로 교통이 편리한 지역에 있는 오래된 주택들이 빠르게 다가구주택으로 재개발되기 시작하였다. 1930년대~1960년대에 개발된 도시형 한옥 밀집지역이 바로 그러한 조건을 갖춘 지역으로 다가구주택 개발붐의 직격탄을 맞았다. 특히 자동차가 진입할 수 있는 4m 이상의 도로를 가진 지역, 즉 1936년 이후에 개발된 지역들이 우선 재개발되었다. 지금 북촌의 원서동 일대, 보문동 일대, 신촌 일대의 한옥촌이 다가구주택 밀집지역으로 바뀐 것이 이 시기의 일이다.

특히 경복궁과 창덕궁의 사이에 위치한 북촌 일대와 경복궁 서쪽의 서촌 지역은 오랜 기간 청와대 부근 지역이라 하여 보안상의 문제로 고층 개발이 제한되어 있었는데, 이것도 1995년 지방자치단체장의 선거 제도가 부활하면서 민선 시장 시대를 맞아 규제완화에 대한 주민의 요구로 완화되었다. 이런 상황 속에 도심부에 산재한 노후 한옥지구는 짧은 기간 동안 급격하게 난개발이 되었다.

이에 대한 반성적 인식이 사회적으로 확산되어감에 따라 2000

년경부터 서울시는 북촌마을 보존계획을 수립하고 단계적으로, 이후 대상지를 확대해 가면서 지속적으로 한옥 진흥 정책을 펴게 된 것이다. 때맞춰 민간에서도 뜻을 같이 하는 단체가 조직되어 한옥을 집중적으로 가꾸는 사업을 시작하여 한옥붐이 시작되었다.

2000년대에 시작한 한옥 붐은 우선 한옥이 가지고 있는 친환경적 가치를 재발견함으로써 아파트 일변도의 주거 문화에 싫증을 느낀 많은 사람들의 호응을 받았다. 또한 도심부 활성화에 대한 새로운 전략을 모색하고 있던 시 정부도 역사도시의 풍경을 보전한다는 대의와 함께 내외국민의 관광객을 유치할 수 있다는 경제적 성과도 있어서 반기는 바였다.

현재 한옥은 일부의 특정한 지구에, 그것도 아직은 공공의 지원에 의존하여 명맥을 유지하고 있는 상태이다. 아파트에 비한다면 여전히 비싼 주택일 수밖에 없는 구조이지만, 단독주택에 비하면 서서히 경쟁력을 회복해가고 있으며, 이를 위하여 지하층과 2층을 가진 한옥, 주방과 욕실 등에 현대적 설비를 갖춘 한옥 등 새로운 한옥의 실험이 계속되고 있다. 한옥이 대안적 주택 형식으로 계속 살아남을지 혹은 일시적인 유행으로 그칠지는 아직 판단하기 어렵다. 하지만 목구조가 가진 친환경적 건강함과 오랜 기간 우리와 함께 하여온 문화의 지속성을 재발견한 이상, 더 이상 쉽게 없어지지 않을 생명력을 회복한 것은 분명하다.

■ 참고 문헌

1. 원전

《고려사》《고려사절요》《동문선》《매천야록》《성종실록》《세종실록》《승정원일기》《신증 동국여지승람》《오주연문장전산고》《정조실록》《중종실록》《태조실록》

《경향신문》《동아일보》

2. 단행본

《건축문화》, 1983

경기도박물관·경기문화재연구원, 《회암사Ⅲ 5·6단지 발굴조사 보고서》, 2009

경기도박물관·기전문화연구원, 《회암사Ⅱ 7·8단지 발굴조사 보고서》, 2003

국가기록원 편, 《일제시기 건축도면 해제 Ⅱ》, 2009

국가기록원 편, 《일제시기 건축도면 해제 Ⅶ》, 2014

국립문화재연구소, 《건축유적 발굴조사 자료집-사찰편Ⅰ》, 2007

국립문화재연구소, 《아차산 4보루 발굴조사보고서》, 2009

국립문화재연구소, 《풍납토성 XIII-풍납동 197번지(舊 미래마을) 발굴조사 보고서 2》, 2012

국립문화재연구소, 《풍납토성 XIV-풍납동 197번지(舊 미래마을) 발굴조사 보고서 3》, 2012

국립문화재연구소, 《풍납토성 XV-풍납동 197번지(舊 미래마을) 발굴조사 보고서 4》, 2013

단국대학교 매장문화재연구소, 《파주 혜음원지 발굴조사보고서 - 1차~4차 (Ⅰ)》, 2006

문화재청, 《장면가옥 기록화 조사보고서》, 2008

문화재청, 《한국의 전통가옥 권 14》, 2006

문화재청, 《운현궁 양관: 실측조사보고서》, 2002

사회과학원 고고학연구소, 《조선고적학전집 46(중세편23)—고려의 성곽》, 진인진, 2009

서울대학교 규장각, 《고지도와 고서로 본 서울》, 1992

서울특별시, 《남산골 한옥마을 해체실측 및 이전공사보고서》, 1998

서울특별시, 《도성내민속경관지역조사연구》, 1976

서울특별시, 《마포 최사영 가옥: 문화재자료 제37호》, 2009

서울특별시, 《운현궁 실측조사보고서》, 1993

서울특별시 서대문구, 《서대문구지》, 1992

서울특별시 서대문구, 《서대문내력》, 1987

서울특별시 성북구, 《장교동 한규설 가옥 정밀실측조사보고서》, 2010

서울특별시 성북구, 《장위동 김진흥 가옥 정밀실측보고서》, 2013

서울특별시 종로구, 《석파정 정밀실측조사보고서》, 2010

서울특별시사편찬위원회, 《서울건축사》, 1999

서울특별시사편찬위원회, 《서울특별시사, 고적편》, 1963

송만영, 〈양주 회암사지 시굴조사〉 《97 경기도 박물관 발굴조사 개보》, 1998

숭실대학교 한국기독교박물관, 《수원 서둔동 유적》, 2010

김용범, 《문화 생활과 문화주택》, 살림, 2012

김창현, 《고려의 남경, 한양》, 신서원, 2006

손정목, 《일제강점기 도시계획연구》, 일지사, 1990

강영환, 《새로 쓴 한국 주거문화의 역사》, 기문당, 2002

윤장섭, 《한국의 건축》, 서울대학교 출판부, 2008

이광노, 《가회동 : 무애연구소·OB seminar 가회동 최초·최후의 실측 조사 보고서》, 곰시, 2011

이병도, 《고려시대의 연구》, 을유문화사, 1947

이상억, 《서울의 韓屋 : 홍문섯골 이벽동댁》, 한림, 1998

전남일, 《한국 주거의 공간사》, 돌베개, 2013

전봉희·이규철·서영희, 《한국근대도면의 원점》, 서울대 출판문화원, 2012

전봉희·권용찬, 《한옥과 한국주택의 역사》, 동녘, 2012

조선유적유물도감 편찬위원회, 《북한의 문화재와 문화유적 v.1 고구려편 = Cultural assets and sites in North Korea》, 서울대학교출판부, 2000

주남철, 《궁집(宮家)》, 일지사, 2003

주남철, 《연경당》, 일지사, 2003

최종택, 《아차산 보루와 고구려 남진경영》, 서경문화사, 2013

한국문화유산답사회, 《답사여행의 길잡이 15, 서울》, 돌배게, 2004

한성백제박물관, 《한성백제의 왕궁은 어디에 있었나(백제학연구총서 3권)》, 2014

홍경모 지음, 이종묵 옮김, 《사의당지-우리집을 말한다》, 휴머니스트, 2009

홍대형, 《한국의 건축문화재-서울편》, 기문당, 2001

3. 연구논문

강문희, 《한성백제기 성곽 내 주거유형의 성격》, 충북대학교 석사논문, 2016

김대일, 〈1950년대 서울지역 간이한옥의 조사연구〉, 서울대학교 석사논문, 2009

김명숙·전봉희, 〈일제강점기 경성부에 지어진 관사의 단지적 성격〉《대한건축학회 논문집 : 계획계》 23-2, 2003

김석순, 〈1921-1945년의 건축 주재료인 목재와 벽돌의 생산사에 관한 비교연구〉《대한건축학회논문집 계획계》 11-1, 1991

김선재, 〈근대도시 주택의 변천에 관한 연구〉, 서울대학교 석사학위논문, 1987

김영수, 〈돈암지구(1940~1960) 도시한옥 주거지의 도시조직〉《서울학연구》 22, 2004

김영수, 〈동대문 밖 돈암지구 주거지의 형성과 변천〉《서울학연구》 37, 2009

김정현·김하나·전봉희, 〈조선시대 주택 꺾음부의 유형에 관한 연구〉《대한건축학회논문집》 25-6, 2009

김주야·石田潤一郎, 〈경성부 토지구획정리사업에 있어서 식민도시성에 관한 연구〉《대한건축학회논문집 : 계획계》 25-4, 2009

나각순, 〈고려시대 양주지방의 변천과 그 관인의 임용형태〉《향토서울》 53, 1993

문정기, 〈이층한옥 상가의 유형연구〉, 서울시립대학교 석사논문, 2003

민소희, 정정남, 김동욱, 〈군소가옥연접도형으로 본 조선후기 한성부 내 시전의 존재 양상〉《한국건축역사학회 학술발표대회 논문집 9》, 2012

박달성, 〈新年改良의 第一着으로 朝鮮의 衣食住를 擧하노라〉《개벽》 7, 1921

박상욱, 〈한상룡 가옥(현 가회동 백인제 가옥)의 원형과 조영개념〉《건축역

사연구》 22-4, 2013

박선주·김성우, 〈서해도서민가의 평면형식의 지역적 특성에 관한 연구〉 《대한건축학회논문집 계획계》 16-1, 2000

박장호, 〈조선전기 한양도성 내 민가에 관한 연구〉, 명지대학교 석사학위논문, 2013

성태원·송인호, 〈서울 삼청동35번지 도시한옥주거지 필지구획에 관한 연구〉 《대한건축학회 논문집 : 계획계》 19-9, 2003

박철진·전봉희, 〈1930년대 경성부 도시형 한옥의 사회·경제적 배경과 평면계획의 특성〉 《대한건축학회 논문집 : 계획계》 18-7, 2002

백선영, 〈1930년대 김종량의 주거실험과 H자형 주택〉, 서울대학교 석사학위논문, 2005

손정목, 〈朝鮮時代 都市에 관한 硏究 : 制度的 機能的 側面을 중심으로〉, 단국대학교 박사학위논문, 1976

송명희, 〈운현궁의 건축요소와 공간구성의 조영체계〉, 한국예술종합학교 예술전문사학위논문, 2013

송인호, 〈도시형한옥의 유형연구〉, 서울대학교 박사학위논문, 1990

양시은, 〈아차산 고구려 보루의 구조 및 성격〉 《고문화》 79, 2012

연갑수, 〈대원군 집정의 성격과 권력구조의 변화〉, 서울대학교 석사학위논문, 1991

염복규, 〈일제하 경성도시계획의 구상과 시행〉, 서울대학교 박사학위논문, 2009

유승희, 〈15~16세기 漢城府의 주택 문제와 정부의 대응〉 《사학연구》 94, 2009

윤영수, 〈19세기 한양 도시주택에 관한 연구 : 경기감영도의 주택을 중심으로〉, 경기대학교 석사학위논문, 1996

이경아, 〈일제강점기 문화주택 개념의 수용과 전개〉, 서울대학교 박사학위논문, 2006

이경아·전봉희, 〈1920~30년대 경성부의 문화주택지개발에 관한 연구〉《대한건축학회논문집 계획계》 22-3, 2006

이진민, 〈남산골 移築 韓屋에 관한 考察〉, 서울시립대학교 석사학위논문, 2006

임창복, 〈일제시대 한국인건축가에 의한 주거근대화에 관한 연구〉《대한건축학회 논문집 : 계획계》 7-5, 1991

정춘환, 〈1920~1960년대 서울 서대문밖 도시한옥의 평면과 구조특성〉, 경기대학교 박사학위논문, 2015

최지연, 〈1930~1960년대 서울 都市韓屋의 안마당 立面에 관한 硏究〉, 서울대학교 석사학위논문, 2004

한지만, 〈회암사지 고원 영역의 전각 배치에 대하여〉《대한건축학회 논문집-계획계》 30-7, 2014

한지만, 〈회암사지 日자형 건물지에 관한 연구〉《건축역사연구》 19-2, 2010

황진하, 홍대형, 〈운현궁 영역의 형성과정 연구〉, 《대한건축학회 학술발표대회 논문집-계획계/구조계》 20-1, 2000

吉田光男, 〈戶籍から見た20世紀初頭りウルの'人'と'家'〉《朝鮮學報》, 1993

4. 사이트

문화재청 http://www.cha.go.kr/korea/heritage

■ 사진 자료 협조

국립중앙박물관

기전문화연구원

대한주택공사

동아일보

무애건축연구실

문화재청

삼성미술관 리움

서울대학교 건축사연구실

서울대학교 규장각한국학연구원

서울시

숭실대학교 기독교박물관

조선유적유물도감 편찬위원회

최종택

한백문화재연구원

한울문화재연구원

집필 **전봉희** (서울대 교수)
감수 **우동선** (한국예술종합학교 교수)

서울문화마당 10

전근대 서울의 주택

발 행 인	서울역사편찬원장 김우철
발 행 처	서울역사편찬원 (history.seoul.go.kr)
	서울시 송파구 올림픽로 424 올림픽공원(02-413-9622)
기획·편집	이상배(시사편찬과장), 장경호
발 행 일	2017년 9월 20일
판 매 가	10,000원
편집·인쇄	경인문화사(031-955-9300)
사진촬영	Studio Soophoto(070-8887-3891)

발간등록번호 51-6110000-001553-09
ISBN 979-11-6071-030-4 94910
978-89-94033-23-5 (세트)